文春文庫

# 酔いどれ卵とワイン

平松洋子

JN049665

文藝春秋

# 酔いどれ卵とワイン／目次

# I　トーストの秘策

# II 酔いどれ卵とワイン

## III 真冬の白和え



## IV ウクライナの手袋

# 酔いどれ卵とワイン

挿画　下田昌克

# I　トーストの秘策

# トーストの秘策

「何年ぶりかな、ついマーガリンを買っちゃったんですよ。これから値上げラッシュが続くと思うと、焦る気持ちがマーガリンに向いたのかな。いつも買うバターの半分以下の値段だったし」

ひさしぶりに会ったWさん（男性・五十代）が話し始めた。マーガリンの響きがなつかしいな、そういえば、私もマーガリンをしばらく買っていないと思いながら、話のゆくえに耳を傾ける。

「なんで俺マーガリンに手を出したんだろ、と家に帰ってまず思ったわけですよ。ひとり暮らしを始めた学生時代、バターが買いたくても高くて手が出なかったから、ずっとマーガリンだった。大人になったらバターが買えるようになったのがうれしくてね。以来、マーガリンを見ると若い頃の耐乏生活を思い出していました」

〝このときおとなの階段を上がりました話〟は、ひとそれぞれ千差万別だろう。初任給で革靴を買ったとき。親戚の子にお年玉をあげたとき。初めて鮨屋のカウンターについたとき……晴れがましい気分は、いくつになっても胸を騒がせる。私は、銀行口座を初めてつくって自分の通帳を手にしたときの高揚が忘れられない。怖《お》じ気《け》づきながらも、これから自分で自分の経済を担ってゆくのだという出発の解放感を味わっていた。額面の数字は心細かったけれど。

そんな話なのかな、と思ったら、Wさんの口ぶりは急旋回した。

「あっというまに食べちゃったんですよ、マーガリン。持て余すだろうな、と思っていたのに。柔らかさがね、ツボでした。ほら、バターは硬いじゃないですか。俺、明日の朝はトーストだというとき、翌朝使う分だけバターを小皿に入れて、冷蔵庫から出しておくのが長年の習慣なんですよ。これ、ちょっと煩わしい」

でも、マーガリンにナイフを入れたらくるくるっと取れる、あっというまにさらっと溶けて光る……これだよ、これ、ストレスフリー！　バターそっちのけで、マーガリンに没頭したのだと言う。

「ああ〜よくわかります」

私は相づちを打った。前夜にバターを取り出して室温にしておくのは「俺の食い意地」とWさんは説明していたけれど、そんな自分、手間を要求するバター、どっちも厄介。

恥ずかしながら、私の秘策を開陳したい。毎度、ちょっと赤面しながらやっている。ポップアップ式のトースターを使っているので、パンが焼けたらポン！　と飛び上がったのを皿に載せる。このときすかさず、トーストの耳のところからナイフをぐさりと差し入れます。ナイフが脇に差し込まれた状態のままのトーストが一枚。ほんの数秒のうちにナイフを温める「技」。

この温かいナイフでバターを削ると、面白いくらいするする取れる、伸びる。バターを塗り終わるまで、再度ナイフをトースト内に差し込んで熱を追加することもよくある。

いや、書いていて恥ずかしい。無精というか行儀がよろしくないというか、決して褒められた「技」ではないことは自覚している。でも、コレを発見して以来数年、手っ取り早いから止められない。

Wさんに話しそびれたけれど、今度会ったら、こんなストレスフリーもありますよ、と耳打ちしたい。

# しっとり

慣らされちゃった。

最初のころはあんなに違和感があったのに、小さく舌打ち。

まいっか。

そういうときがちょこちょこ、あります。たとえば、コンビニのおにぎりを手にしたときなど。

フィルムの外に隔離された海苔を取り出して、初めておにぎりに貼り付けたときのことはよく覚えている。たぶん誰かに配ってもらったその三角のおにぎりは、まず右半分のフィルムを開いて海苔をむき出しにしたところへ本体を転がし、次に左半分のフィルムを開いて同じように海苔を出して左へ転がし、順を追いながら白い三角に黒い着物をまとわせる方式だった。

いまなら（慣らされちゃったので）何でもないけれど、海苔の処方を知らなかったからどぎまぎした。フィルムのなかの薄い海苔一枚を引き出すとき、あせるからびりびりに破れ、フィルムの隅には黒いハギレが残る。あたふたしながら破片をかき集め、貼り絵みたいな三角は、無残だった。隣にいたのは誰だったか思い出せないけれど、「案外不器用ですねえ」と笑われ、そうとう恥ずかしかったのを覚えている。三十年以上前の話だ。

コンビニでおにぎりが売られるようになったのは一九七〇年代後半らしいのだが、以来今日まで、包装にまつわるアップデートは研究開発の結晶だっただろう。フィルムの頂点のでっぱりを引き抜いて海苔と本体を合体させる「パラシュート式」とか、三角の中央のテープを引いて開く「センターカット式」「カットテープ波型方式」とか（名前はいま調べました）、手巻き寿司みたいな棒状スタイル、和紙の風合いの包装紙……涙ぐましいアイディアの数々は、それこそプロジェクトXの世界だ。

でも、ずっと思っていた。

海苔はパリパリしていなくてもいいんじゃないかな？

小さな声で言うのだが、おにぎりの海苔はしっとり湿っているほうが好みです。剝がそうとしても剝がしようのない、黒いバクダンみたいなやつ。飯つぶに海苔がぴったりへばりついて完全一体化しているほうが、それこそしっくりくる。おにぎりの場合、しとしとになってからあとが、海苔の持ち味の本領発揮だという気がする。

でも、コンビニを舞台に展開されてきたパリパリ方式の日進月歩ぶりを見ていると、そうか、自分の好みは少数派なんだなと自覚させられる。世の中はパリパリの新しい流れに進んでいるのに、自分はおとなになっても遠足とか運動会のおにぎりから抜け出せていないのかもしれない。そう思うと気恥ずかしく、フィルムの扱いを練習したりもした。まあしかし、コンビニのおにぎりに急場を助けられることだってあるのだから、切羽詰まったときにパリパリとかしっとりとか言ってもいられない（数年前から、パリパリ方式の反動なのか、バクダン方式も出回るようになった）。

自分でつくるおにぎりは、もちろん思いっきり海苔が湿っている。

朝、炊いたごはんの残りを大きな海苔でくるみ、三分ほど放置すると、海苔が湿気を吸い込んでしとしとに変わる。いよいよ海苔がへたり切ったところを見計らって軽く握ると、黒い衣がしんなり、ぺたっと馴染《なじ》む。よしよし、これだと思う。

# ピクト君は話し好き

歯医者に行く途中、地下鉄の駅を出て地上に向かう長いエスカレーターに乗っていた。

おや、何だろう。

すぐ目の前に立っている女性の背中のリュックサックに赤いホルダーがぶら下げてある。

赤い地に白抜き、〈✚♡〉

じっと見る。私は後ろに立っているので、まじまじ凝視しても迷惑じゃないだろうから、心ゆくまで見ながら考える。このピクトグラムの〈✚〉は医療関係だと見当がつくけれど、〈♡〉との組み合わせがよくわからない。「医療従事者だから手助けできます」という意味だろうか。とにかく医療や命に関わるメッセージに違いない……都営大江戸線の、そら恐ろしくなるほど長いエスカレーターに立ちながら思案した。

エスカレーターが終着点に着き、彼女（二十代後半くらいの若い女性だった）のあとを歩く格好になった。とっさに声を掛けた。いま思い切って訊《き》かなくちゃ、意味を知らないままになってしまう。

「あの、すみません。リュックに付けてある赤いホルダー、どんな意味ですか。私、知らなくて」

あ、と彼女は微笑《ほほえ》んで、すぐ答えてくれた。

「私、心臓の疾患があるので、〝急に具合が悪くなったときとか、何かあったら助けてもらえますか〟という意味なんです。訊いてくださってありがとうございます」

「そうだったんですね！」

簡単な会話を交わして、お互い違う出口に向かった。

〝医療従事者です〟とは正反対で、自分の無知を恥じた。あとで調べると、「Help Mark」（ヘルプマーク）という名称のＩＳＯ規格ピクト（国際標準化機構）で、〝介護をお願いします〟という意味。そういえば、〈お腹に✙〉はオストメイトの意味だ。

ピクトグラムは、言葉なしに見るだけで意思疎通を可能にする記号図。とりわけ空港には、多言語をクリアしつつスムーズに案内したり誘導するために、ピクトグラムが溢《あふ》れている。東京二〇二〇オリンピックの前あたり、街中に新しい種類があれこれ登場したのは外国人観光客を案内するためだ（ピクトグラムが一気に広まったのは、一九六四年の東京オリンピックらしい）。ＡＴＭとかコンセントとかＷｉ‐Ｆｉはすぐわかるけれど、

〈屋根＋サンドイッチ＋ペットボトル〉が、私にはすぐわからなかった。正解は「コンビニエンスストア」。でも、どういう意味だろう……と腕組みさせるようでは、心細い。イッパツでわかるという意味において、おなじみの〈非常口〉〈立入禁止〉〈おむつ交換台〉……秀逸なピクト君がたくさんいますね。そっけない記号に見えるけれど、なかなか人間臭いのがピクトグラムの魅力だ。

後日談がある。「こないだ地下鉄でこんなことが」と友人に話すと、「それ、騒動になってたよ」と教えてくれた。訊くと、シンガーソングライター、椎名林檎の新作特典グッズのデザインが「ヘルプマーク」とそっくりで、疾患をもつ当事者の指摘を受け、「ヘルプマーク」を管理する東京都が発売元のレコード会社に対応を要請したという。グッズと勘違いされたら命に関わる場合もあるというのが、その理由だった。

# 迷惑メールの真実

十一月に入って、怪しいメールがどんどん送られてくるようになった。

そもそも迷惑メールが紛れ込むことは、これまで何度もあった。「いますぐ!! 残り十時間、二度と手に入らなくなります!」(ダイエット用サプリメント)とか「たったひと晩で在庫55が8になりました。思い切って値下げします!」(保温下着)とか。「平松さん、お久しぶりです」と名指しで挨拶してくる銀行名のメールにはさすがにぎょっとするのだが、よーく見ると、末尾に小さく紛れ込ませてある銀行の名前が怪しい誤字で、すぐさまポイする。

しかし、受信フォルダーに溜《た》まるようになった大量のメールは見慣れないものだった。

文言は似通っている。

「クレジットカードの承認が得られていません」

「お支払い方法に問題が生じました」

「至急クレジットカードの番号を変更する必要があります」

あせる。

長年使っているクレジットカードに何かが起こったのだろうか。びくびくしながら数通を開いてみると、いくつかのアカウントから不審な気配が匂ってくる。そこで、これらは迷惑メールだと結論し、根気よく削除を繰り返すのを日課とした。

一週間ほど経《た》った。ひたすら削除を繰り返しているのに、いっこうに怪しいメールが減らない。もしかしたら本当にナニカが起こったのかもしれないと思うと、急に怖くなってきた。

クレジットカードの会社に、直接電話してみた。詳細な本人確認ののち、電話の向こうの女性が言う。

「十一月×日、×××（コンビニの名前）で一万千百円を電子マネーで支払っていらっしゃいますか」

動揺して記憶をたぐり寄せるのだが、そのコンビニに入ったことも、そもそも電子マネーを使ったこともない。

「まったく覚えがありません」

「そうですか。カード番号が不正使用された疑いがあります。同日、電子マネーで同額が四回引き落とされています」

まさか。その手の犯罪が世間で行われていることは知っていたが、まさか自分の身に起こるとは。なにしろカードは手もとにあるのだから、まったく気がつかない。インターネットで買い物をしたどこかの段階で、邪悪に捕まってしまったのか。

すべてが符合した。盗用された翌日から怪しいメールが届くようになったし、もし「至急番号を変更する必要があります」という文言に引っかかっていたら、もっと大変なことになるところだった。

こういう犯罪はカード会社のほうで検知できないものなんですか、と電話口で訊いてみた。すると、「〝クレジットカードのお支払い状況を確認してください〟という内容のメールが送られているはずなんですが」と言うから、また驚いた。なんてこった、毎日ひたすらゴミ箱に叩き込んでいた大量の怪しいメールのなかに、「本物」が存在していたのだった。電話を切ったらため息がでた。あのゴミの山のなかにひと粒の真実が紛れ込んでいた――。

すぐカード番号を廃止してもらい、新しいカードの発行まで十日ほど待った。大量の怪しいメール攻撃から半月もかかってようやく事なきを得た私は、相当のろまだった。

# それはないやろう

融通の利く店員さんがめっきり減った。その場に応じて機転を利かせ、お客の事情を飲み込んでくれる、いってみれば〝話せる店員さん〟。

つい先日、とある都心のカフェに三人で入った。遅い夕方に会合が終わり、帰りに一杯、という展開。久しぶりに会ったから話が弾むだろうし、このメンバーなら一杯じゃあ終わらないな、なんて思いながら。

メニューをもらうと、クラフトビールがかなり充実している。へえ、やっぱりクラフトビールは勢いがあるんだな……と読みながら、そのうちの一種類に目が止まった。スパイスやハーブを使ったビールで、「爽快な刺激が特徴」と書いてある。「私、これにしようかな」と言うと、ふたりも同じものにすると言い、「でも、ひとり大瓶一本ずつは多いなあ」、なんて話していた。

女性の店員さんが注文を取りに来た。おずおずと訊いてみる。

「あのう、最初にこのビールを頼みたいんですが、大瓶なので一本もらい、それを三人で分けて飲もうかと」

微妙に顔が曇った。

「三人で一本ですか、いえ、それはちょっと……」

あっ、そういう意味じゃないんです、と急いで説明する。

「このビールを飲んだあと、ほかのものを追加しようと思っているんです」

「食前酒みたいな感じ、ですね」と言いながらも、彼女は困った表情を崩さず、一拍置いて少し前屈《まえかが》みになってから小声で言った。

「店長からきつく言われているんです。うちでは、ビールの注文は必ずひとりにつき一本って」

事情を察した仲間のひとりが、すかさず「俺たち、そのあと白ワインのボトルを頼むよ」。

彼女の頭のなかがめまぐるしく動いたようだった。

「わかりました。小さいグラスを三つ持ってきます。でも、きゅっと、ぱっと、飲んじゃってください」

すみやかに交渉成立。

「きゅっと、ぱっと」の二段重ねに心情がこもっていたから申し訳ない気持ちにもなったが、融通を利かせてくれたことがありがたく、三人揃ってスパイシーなビールを「きゅっと、ぱっと」。よっぽど怖い上司なのか、すぐ近づいてきてグラスを回収しながら、にっと笑った。

「これおいしいですよね、よかった」

年の頃四十前後、お客との距離の柔軟な伸び縮みがよかった。とかく四角四面のマニュアル対応が幅を利かせている昨今だから、よけいにスマートな接客に感じ入ったのである。

とはいえ、お客の側も理不尽を突きつけてくるらしい。最近聞いた「まさか⁉」な話は、某レストランを訪れた中国人旅行者のカップルが一人前のコース料理をシェアするという注文。いったん受け容れると、あっという間に情報が拡散されておなじ手の注文が相次ぐから、お引き取り願うしかない。お客のわがままは、ひとつ間違えば蛮行に転じる場合もある。

さっきのイカす店員さんは、ワインの場面でも見事な仕事ぶりだった。白のボトルが空き、グラスで赤ワインを頼もうとすると、メニューをめくって指す。

「この自然派ワインはいかがですか。みなさんもう少し飲まれるようでしたら断然お得ですし、私が最近一番気に入っている造り手なので、お勧めしたいんです」

流れを見越す、あっぱれな勧めぶりが気持ちよかった。

つい三日前、メールが届いた。しばらくぶりのK美ちゃんは、冒頭から飛ばしている。

「本を手に取ったとき、『父のビスコ』ってどういう意味だろう、って社長と話したんです」

（私の著書の話。「社長」は、私もよく知っている。豪放磊落な人柄の才人である）

「私が『お菓子のビスコじゃないですか』と言ったら、社長が『いや、さすがにそれはないやろう。ビスコッティとかビストロの名前とか、絶対そっち方面に決まっている』と言い張りました」

こういう話は大好きだ。斜め方向からタマが飛んでくると、思考回路に風穴が開く。友人のT枝さんも言っていた。『父のビスコ』の意味が気になって、気になって我慢できず、最初に『父のビスコ』の話を読んじゃった」

「そうかな?」vs「それはないやろう」反対方向の気分が正面からぶつかり合うと、人間、決着がつくまで気もそぞろ。

去年の暮れ、大阪に行ったときのこと。ひとりだったから、早めにちゃっと夕飯をすませてホテルに戻ろうと思い、難波《なんば》を歩いていた。すると大通り沿い、そこだけ昭和の光が当たっている寿司屋があった。看板の名前に覚えがある。たしか湯豆腐もある、鍋料理もある、刺身、天ぷら、カレーうどんも中華そばもある難波の至宝。品書きに中華そばの文字まで見つけてしまい、三度読み直しても信じられない。

ここに入ろう。

意を決して引き戸をがらがらーと開けると、夕方六時半なのに満員の大繁盛ぶり、居酒屋の猥雑さ。あちこちで鍋の湯気が上がり、広い店内は年の瀬気分に染まっている。

おずおずと入り口近くのカウンターに座った。正面の壁には、寿司の品書きの短冊。この一角だけ昔ながらの寿司屋のままなのだが、雰囲気に飲まれ、ビール、鯖《さば》のきずし、う巻きを注文。とにかくイッパイ飲《や》ることにした。

喧噪に揉まれながら品書きを眺めていたら、「たこ酢　780円」の隣に、目を疑う一行が見つかった。

巻寿司の具だけ　700円

（それはないやろう）

私はひとりごちた。酒のつまみに「巻寿司の具だけ」って、無体な注文というか暴挙というか行儀が悪すぎるというか、もし東京でそんな科白《せりふ》を口にしたら叩き出されるに違いない。

口が勝手に動いた。

「この、巻寿司の具だけ、ください。それと芋焼酎のお湯割りも」

待つことしばし。皿に形よく盛られてきたのは煮染めた高野豆腐、干瓢《かんぴょう》、卵焼き、三つ葉。まさに〝巻寿司の具だけ〟であった。

カウンターの向こうで寿司を握るのに忙しい店主に訊くと、「シメに巻寿司食べたいけど、シャリなしで軽くしてな」というお客のリクエストに応えて生まれた一品だという。頼むお客もすごいが、品書きに載せる店主もすごい。

「それはないやろう」が吹き飛んだ。

立川談志の語り下ろしに『世間はやかん』という一冊がある。なんだなんだ⁉ と、いきなり謎を掛けるのがいかにも談志師匠だ。

そのココロは、落語の枕によく使われる話に由来する。あるとき、やかんの名前の由来を問われたご隠居が、得意げに答える。「あれはな、本当は昔、水沸かしと呼ばれていたんだ。ところが戦国時代、戦場で矢がピューッと飛んできて、カーンと当たった。それで『矢カン』てぇ名前になったんだ」。知ったかぶりをして、いい加減な返事でごまかす。落語家のあいだで「あいつはやかん」といえば、知ったかぶりを嗤《わら》う符牒とのことらしい。

とはいえ、もし落語通が「『世間はやかん』だよな」と水を向けてきても、みんながみんな落語ファンでもないわけで、それこそ知ったかぶりをして「だよな！」と同調したら、あとで落とし穴が待っている。すかさず、「えっ、どういう意味⁉」とあっさり白旗を上げておくほうが、世間はうまく回る気がする。

そういえば、朱肉をめぐるこんな話を聞いたのも、落語の枕だった。若いもんに「朱肉を買ってこい」と命じたら、「ハイ！」と元気よく外に飛び出していった。でも、いっこうに戻ってこない。やっと汗だくで帰ってきたから事情を問い質《ただ》すと、「すみません、朱肉の意味がわからないから、肉屋に駆け込んでしまいまして」……これもまた、知ったかぶりをするより素直に訊いておけ、という「やかん話」だ。もっとも、ハンコ廃止に傾く昨今、朱肉は文房具店の棚からも消えそうだけれど。

もちろん私にも、やかん話はいくつもある。

たしか三十になる前だったと思う。どんな流れだったか思い出せないのだが、年長の知人が天ぷらをご馳走してくれることになった。わざわざ天ぷらを食べに行くなど尻の青い二十代には高嶺の花、（いつかそのうち）と憧れを募らせていた。

待ちわびた当夜がやってきた。すがすがしい白木のカウンター。ぱりっと糊の利いた上っ張り姿の店主。ぴちぴちと繊細な音を響かせて揚がる黄金色の天ぷら。目の前の懐紙に、海老、いか、小柱、アスパラガス、ししとう……ひとつずつ置かれる贅沢さにうっとりする。才巻海老の頭だけ揚げるのも、このとき初めて知った（舌にちくちく刺さって痛かった）。

ひと通り食べ終えて夢心地に浸っていると、店主がおもむろに居ずまいを正し、私に訊く。

「天丼、天茶、天ばら、どれにいたしましょう」

頭のなかが白くなった。

突然のご下問である。天丼はわかる。天茶もかろうじて想像できる。でも、天ばらって一体なに？

動揺を押し隠し、「じゃあ天丼お願いします」とごまかした敗北感は忘れない。

後年この話をすると、「そういうときは、平気な顔で『天ばら』と答えておけばいいんですよ。そうすれば、現物を確認できるでしょ」と笑うひともいたけれど、若造にはそんな知恵や勇気があるはずもなかった。

天ばらは、海老や小柱などのかき揚げを割り崩し、ごはんとさっくり混ぜて茶碗によそうというもの。つまり、天ぷらをばらすところからついた名前のようだ。ちなみに天茶は、天ぷらをのせたご飯に熱いお茶をかける一膳のこと。どっちも、お客の酔狂の名残りなんだろうか。

そんな「やかん話」でつまずいて、「天ばら」はいまだに食べたことがない。

# 果物にそそられて

「酢豚のなかにパイナップルが入っているのは許せん！」派の鼻息は荒い。周囲に訊いてみたら、「許すまじ」派と「特にうれしくはない」派が同数投票（二人ずつだけど）、いっぽう「大好き」派はゼロなので、酢豚にパイナップルは圧倒的劣勢だと結論づけた。

私ですか。

どっちでもいいんです。

入っていたら、金色の照りをにやりと眺め、コレにいつ箸を伸ばせばいいのかな、なんて思う。入っていなければパイナップルの不在は思いつかない。いずれにしても、積極的に歓迎する気持ちはない。かつて上海で発祥したというパイナップル入り酢豚は、〝高級感〟のアピールだったと、ものの本で読んだことがある。料理も生きもの。もう上海時代の流れは終わっていい気がする。最近、外で酢豚を頼むとパイナップル入りを見かけることはずいぶん減った気がするから淘汰されつつあるのだろう。

ただ、果物が料理に入っているとイラッとするというひとは案外少なくない。ポテトサラダにりんごが入っているのを発見すると、必ず箸で掘り出して仕分けする友人がいる。〝行儀の問題じゃない。ポテトサラダはポテトサラダ、りんごはりんご、別のもの〟と彼女はきっぱり断じる。柔らかなポテトサラダとしゃりしゃりのりんごをいっしょに嚙むと歯が浮く、背筋がぞわぞわすると言う。べつの友人は、ポテトサラダに中濃ソースをかけるのが習慣だから、りんごに中濃ソースはイヤ……この方針を崩さない。

強い拒否反応は、果物だからなのかな、と考えてみる。酢とか脂とかマヨネーズとか塩とか中濃ソースとか、横入りされると、子どもの頃から馴染んできた果物を蹂躙《じゅうりん》されるような、逆なでされるような、微妙な違和感。味覚が保守的とか臆病とか、そういうことではなく、無意識の領域に属するから認知レベルで混乱が起きて、よけいに厄介なことになる。

しかし、ぴたりとハマると、これこれ！　と執着させるのが果物のすごさだ。

秋あたり、私が執着を搔《か》きたてられるのは、いちじくの風呂吹き、柿の白和え。どちらも和食の定番だが、とてもシンプルな料理だ。いちじくは熱く蒸したところにごまだれをかけ、スプーンですくって食べる。柿の白和えは、なめらかに潰《つぶ》した豆腐の衣と柿を和えたもの。いったい誰が考えたのだろうと思うほど、いちじくと甘じょっぱいたれ、なめらかな柿と豆腐、パズルのピースがぴたりと合う。

ほかにもいろいろある。

洋梨とブルーチーズ。

焼いたりんごと豚肉のソテー。

マスカットと生ハム。

梨とパルミジャーノ。

ただ合わせただけなのに、皿の上に天使と悪魔がいっしょに舞い降りたかのよう。そういえば、イタリアでは秋の栗料理に熱狂する。栗のズッパ（スープ）、栗のリゾット、栗のラビオリ、栗入りのミートソース……焼き栗だけではとうてい収まらない。

創世記。アダムとイヴは、禁断の果実を口にして楽園を追放され、いちじくの葉で腰を覆ったのだった。果物は貪欲を誘いだす。

# 梅雨の梅

「店に行かないようにしてる。つい買っちゃうと困るから」

友人Fが言うので、〝買っちゃうと困る〟のが何なのか聞く前に、「そうだよね、見なきゃ買わずにすむよね」と相づちを打った。

私の最近のむだ遣いは、通りがかりのショップでうっかり買ってしまった白いTシャツ二枚。帰りの地下鉄のなかで、あ……と思った。メーカーは違うけれど、ほぼ同じのを何枚か持っている。とくに買い足す必要もなく、衝動買いでさえなく、ただ買い物がしたかっただけ。

さて、友人Fの「つい買っちゃう」ものの話。

訊いてみると、それは梅雨の季節限定ものだった。

「ちょうど、らっきょうが出回ってる頃じゃない？　少しタイミングをずらして、梅も出てくるわけよ。そしたら今度は、紫蘇《しそ》の大袋が現れる。店に行くとアレがあるんだな、らっきょう、梅、紫蘇の季節が来たんだな、と思う」

何年か前、彼女が漬けた手製の梅干しをたくさん分けてもらったことを思い出す。上手だねー、梅干しのシワシワまでいい顔をしてるねえ、と褒めたら、まんざらでもない顔をして「梅干しをつくるの、ちょっと得意なの」。結婚してすぐ、夫の母に漬けかたを伝授してもらったと言い、「夫と結婚してよかったと思える数少ないことのひとつ」だそうだ。

だったら、梅が出回るのを手ぐすね引いて待っているんじゃないのか？

ところが、話はこうだった。

「もう二十年以上、毎年梅干しを漬けてきた。あちこちにおすそ分けするんだけど、毎年少しずつ余るから、翌年に繰り越し。いま三年物とか五年物がどさっと棚に並んでいる状況で、これ、貯金というより負債。だから、増えると困るのよ」

消費が追いついていないところに増えると、保存食品は雪ダルマ式に溜まってゆく。災害対策用の缶詰なんかも、そういうところがありますね。定期的にチェックして消費しなければ、交通渋滞が起こる。

得意の梅干しを漬けたくもあり、漬けたくなくもあり。

友人Fの心境はなかなかつらいところだ。長年ずっと馴染んできた梅雨の頃の恒例行事だから、八百屋の店先にぷっくりふくらんだ梅の実が現れると、条件反射で手が伸びる。しかも、教わって漬け始めた最初の一、二年は一キロだったけれど、だんだん三キロ、五キロと増えていき、二十年目が巡ってきた頃には一度に十キロの梅を買って仕込むようになっていたと言うから、驚いた。梅仕事というより、大仕事。

「夫の実家や私の身内、職場の同僚とか、みんな梅干しを当てにしてくれるから嬉しくなっちゃってね、張り切って漬けていた。でも、年季物が少しずつ溜まっていくのを眺めていたら、ため息がでちゃって。そんなわけで、今年はガス欠になりまして」

ということで、二〇二二年の梅干しは思い切って開店休業、と宣言する声はけっこう弱々しい。

決意したのに、うっかり買ってしまうと困るから、店に行かない、梅の実を見ない、忘れたふり。去年もそう決めていたくせに、梅を見かけたらつい手が出て、五キロ買って漬けちゃったんだよね、と苦笑いしていた。

# パンツの名前

チノパンツを一本買い足したくて、いつもの店に行く。生地のチノクロスは十九世紀半ばから、イギリスやフランスの軍隊の制服に使われたもので、丈夫で実用的、デニムと並ぶ日常の生地だ。チノパンツの定番色といえばベージュだけれど、二か月ほど前に買ったカーキ色のシルエットがぴたりときて、せっかくだからネイビーも買い足しておこうと欲が出た。

ふらりと寄ったのは、三十年近く折々に通っている「45ｒｐｍ」。ショップが都内に数か所あるから買いやすく、スタンダードなデザインや着込むほど味が出る生地には、私なりの三十年分の信頼がある。その日は、新宿伊勢丹の四階に行った。

あいにく色違いのネイビーは売り切れだった。入荷時期をスタッフに確認すると、彼女は手もとの資料を確認しながら、何気なく、しかしはっきりと言った。

「おこめパンツの次の入荷は……」

何ですって？　いま何と？

「おこめパンツの次の入荷……」

鳩が豆鉄砲を食らいました。

「おこめ」＝「お米」。まさか自分の愛用している服の名前が「お米」だったなんて。

動揺する私に、彼女はもっと衝撃的な説明を加えた。

「お米だけじゃないんです。濃いベージュは『玄米』、ライトベージュは『五分搗《づ》き』、白は『白米』。光沢のある『もち米サテン』。ほかにも『小麦』とか『ライ麦』とか」

ぽかんとした。洋服に食べものの名前がついているとは、前代未聞。しかも、穀物というところに何やら姿勢が察せられる。

「おこめ」の背景を訊く私に、「45rpm」副社長、デザイナーの井上保美さんが直截《ちょくせつ》に答えてくれた。

「二〇〇〇年、NYに出店したとき、洋服という土俵で勝負するなら、日本人としてのアイデンティティを土台にしなければ通用しないと実感しました。日本人でなければ創れない表現として、覚悟して取り組んだのが伝統的な藍染めのデニム生地です。チノパンツにしても、綿糸から吟味してとにかく着倒してなお美しいものをつくろう、を合言葉にして今日までやってきました」

井上さんが自分で描いた図を見せてくれた。お膳の「飯」にはデニム、「汁」には白いTシャツの絵。自分たちにとっての服づくりの意味を深めていったら、デニムやチノクロスは「飯」、つまり生活の基本の位置に着地しました、と言う。

そうだったのか。最初は奇妙でしかなかった「おこめパンツ」の響きには、いじらしいほど愚直で真面目なブランドの気概や考え方がこもっていた。

なまじっかな気持ちで「おこめパンツ」とは呼べないですよね、日本人なら。思わず私がつぶやくと、製品全体のディレクションに関わる吉田友理子さんがうなずく。

「ええ。生地工場のおじさんたちも『お米だから余計に気合いが入る』なんて。そっけない製品番号で呼ぶのではなく、お互いに共有する言葉があると、取引会社やスタッフの共通認識も深くなるんですよ」

「そうなんです、名前があるだけで気持ちが違う」と、井上さん。じつのところ、着るほうにとっても同じなのだった。「そうか、いま着ているパンツが〝お米〟なら、とことん着るぞ、着こなすぞ」という気持ちになる。「おこめパンツ」を巡って話していたら、〝着こなす〟とは、生活に近い野太い行為なのだと思えてきた。

# 悲しいUターン

ほんの数日前は半袖のTシャツ一枚でも汗ばんだのに、今朝は首筋がぞくりとするほど冷え込む。テレビをつけたら、青森では吹雪、北海道では積雪の風景が映っているのに。

気候の変化が極端なら、人出の変化も極端だ。京都の出張から戻ってきたばかりの友人に会うと、「この週末はすごかった」と言う。

「祇園界隈とか観光地がイモの子を洗う人出で、コロナ前とおなじ風景に一気に戻っていた」

その翌日。冷え込みに怯《おび》えてあわててセーターを引っ張り出したので、いろいろ動揺していたのかもしれない。歩いて駅に向かい、駅前の交差点で、そうだ銀行に寄っておこうと思い立つ。ATMの前に立ってバッグのなかから財布を取り出しかけ、あれ？

財布がない。

そんなはずはない、いつものこのへんに……バッグをまさぐりながら、はっとした。昨日、友人に会うだけだから、と小さな布袋に財布とケータイとハンカチだけ入れて出かけ、その袋から財布を移し替えないまま家を出てしまったようだ。

仕方がないから銀行をすぐ出て、財布を取りにUターン。

肩を落として引き返しながら、気晴らしのつもりで、いつもと違う角を曲がる。そうしたら、一年ほど前にできたスーパーが途中にあり、ふらふらと吸い込まれた。

めったに寄らない店だから、もの珍しい。エスカレーターで二階に上がると、今年はもう終わったと思っていたいちじくが並んでいたので急にうれしくなり、条件反射で傍らに積まれた買い物かごに手が伸びた。いちじく四個入り三百五十円。

そうしたら欲が出た。野菜コーナーに進んで、春菊ひと束、えのき茸ひと袋。春菊は明日の朝の味噌汁用、えのき茸は〝小麦粉と卵を溶いた薄い衣に根元二センチくらいくっつけたまま小分けにバラし、扇子みたいにしたのをごま油でこんがり焼く〟という簡単料理に目下ハマっており、その制作意欲を満たすため。自分の内部に渦巻く欲望が、買い物かごのなかにカタチとなって現れてゆく。

続けて、ごぼう一本、こんにゃく一枚、油揚げ、豚バラ肉二百グラム。察しのいい諸兄姉は「あ」とつぶやかれたかもしれないが、豚汁をつくりたいスイッチが入ったのである。にんじん、長ねぎは家に買い置きがある。急に冷え込んだから、温かい汁ものが食べたくなったようだ。

最初はいちじくだけ買おうと思ったのに、ズルズルいろんなものに手を伸ばしてしまった。このへんで切り上げておかないと。

レジに向かって精算しようという気になったところで、ぱたりと足が止まった。

この瞬間、全身全霊で自分にツッコミが入った。

私は財布を取りに帰ろうとしていたのだった。家に向かってUターンしている途中なのに、なぜここにいるんだろう。誰も見ていないのに、かっと血が上って顔が赤らみ、全身の力が抜ける。

いま来たコースを逆戻り。豚肉→油揚げ→こんにゃく→ごぼう→えのき茸→春菊、ラストはいちじく。二度めのUターンをしている自分が悲しく、しかも棚に戻すのはどうかと思ったが、一文無しの身にはこの選択しかできず、羞恥にまみれる。さっき入り口でアルコール消毒は済ませたから、どうか許して欲しい。

こんな日もある。

# 仲間意識

体感温度四十度近い平日、午後二時過ぎ。こんな危険な時間に外を歩くんじゃなかった、と後悔するのだが、今日中に銀行の窓口で手続きを済ませなきゃならない用があった。

銀行、ついでにパン屋、そのついでに八百屋……と廻ったら、帽子も日傘もない丸腰状態は汗だく、ガス欠。喫茶店に逃げ込むと、二軒続けて満席ではないですか。みんな考えることは同じらしい。

炎天下をとぼとぼ歩きながら気落ちして、足が重い。エコバッグのなかのブロッコリ、プラム一パック六個、卵、酢の瓶一本分の重さが肩に食いこむ。そもそも、いま買わなくてもいいものばかりだったと自分を呪うのだが、もう遅い。

妙案が浮上した。

すぐ近くの公園に行こう。滑り台と遊具が二つ三つあるだけの小さな公園だけれど、桜の木の下に涼しい木陰ができているはず。いつも誰もいない、時計の針が止まったようなぽかんとした場所だ。

やっぱり誰もいない。そりゃそうだ、こんな灼熱の昼過ぎに公園で遊ぶ親子なんかいるはずがないと思いながら、緑繁る桜の木の下のベンチに座る。別世界の涼しさに救われ、ハンカチで汗を拭きながら、さっき買ったクリームパンのことを思い出した。

蟬《せみ》も鳴かない、路上のサウナのような公園でクリームパンに齧《かじ》りつく。冷蔵してあったのだろう、パンもカスタードクリームもひどく冷たい。いつもなら興ざめするのに、ひんやりとした甘さに救われた。

真昼の公園劇場には、もうひと幕が用意されていた。

クリームパンの余韻に浸っていると、白いポロシャツとチノパンの男性が私の前をすたすた通り過ぎ、滑り台近くのベンチに腰を下ろしてバッグのなかを探っている。

えっ本当に？　そっちのベンチは、木陰もなにもない百パーセントの灼熱地獄。

プシュ。

熱波を貫通する快音が聞こえた。そろりと視線を遣《や》ると、ごま塩頭のおじさんが缶ビールをごくごく飲《や》っている。わかる。その気持ちよくわかる。ビールでも呷《あお》らなきゃやってられないですよね、こんな日は。

納得したあと、猛然と気になってきた。彼は、いま私が座っている木陰のベンチを目当てにやって来たのではないか。先客がいたから、炎天下で座るしかなかったのではないか。三人掛けのベンチだけれど、遠慮したのではないか。

木陰の涼しさが一転、気まずくなった。汗を拭き拭き、ゆでだこのような顔で缶ビールを飲んでいるおじさんの方向へ、気がついたら身振り手振りで声を飛ばしていた。

「あの、ここ、空いてます。そこ、暑いです。私、もうじき帰ります」

おじさんはきょとんとした顔で戸惑っていたが、ほどなく意味を理解したらしく、声を返してきた。「だいじょうぶです。ビールまだ残ってますから」。そそくさとベンチを立つのもかえって悪い気がして、二、三分して立ちかけたそのとき。

おじさんが近づいてくる。

ぺこりとおじぎをして、言う。

「先ほどはお気遣い下さってありがとうございました。お礼に、これ、差し上げます。さっき買ったんです。工場直送でね、うまいんですよ。食べればわかります。ぜひもらってください」

おどおどしながら受け取ると、袋の表に「工場から直接お届けします！ キクスイドーのポテトチップ」と、やけに明るい文字が躍っていた。

# イチ、ニ、サン

私の逃避場所のひとつは地元にあるフィンランド式サウナで、ずいぶんお世話になっている。

〈サウナ↓冷水浴↓外気浴〉のセットを繰り返していると、いいカンジにすっきりしてきて浮き世をいっとき忘れさせてもらえる。

九十度のサウナ室で「あっつ……」と汗みずくになりながら自分を蒸すのは、たいてい八分、長くても十分。壁に掛けてある十二分計がひと回りするまで、じっと目を閉じて心ゆくまで蒸し上がりたいのだが、いつも時計の針が回り切らないうち、辛抱たまらず外に出てしまう。そのたびに（今日も十分止まりか）と思い、軽い敗北感を味わう。

いったんシャワーを浴び、次に進むのは〈冷水浴〉。ちりちりに冷えた水風呂の温度、十五度。爪先を浸すだけでカミナリのような冷気が全身を駆け巡るのだが、ここへざぶ

ん と入ります。

「サウナは好きなんですが、あの冷たい水にだけはどうしても入れません」

友人たちに言われるのだが、コツがある。爪先から入ったら、迷いを捨て、そのまますーっと全身を沈め切ります。半身浸《つ》かったあたりで「うっ」と怖じ気づいて固まると、「やっぱり無理」と遁走したくなりがち。ざぶん、するするーっと肩まで迷いなく沈むに限る。

十五度の冷風呂に身体《からだ》を浸す快感は、やみつきになる。三秒前までは水の冷たさを感じていたのに、身体全体が流動体の繭《まゆ》に包まれたような不思議な感覚がやってくる（このとき自律神経が鍛えられているらしい）。

ところが、ここでも煩悩とのタタカイが待っている。繭に包まれて恍惚が訪れかけているのに、（もういいかな）（そろそろ出て外気浴しようかな）……チョイチョイ聞こえてくる囁《ささや》きが鬱陶しい。サウナ室を出るとき、ああもっとイケたはずなのに今日は八分、まいっか、と引っかかった気分が尾を引いているのかも。

ある日、一計を案じた。

数を数えてみよう。「羊が一匹、羊が二匹」と唱えているうちに眠りにつく、あれを導入してみたらいいんじゃないか。

そうしたら、なんと。イチ、ニ、サン、シ……頭のなかで数え始めたら、余裕しゃくしゃく、(もういいかな)なんて余計な煩悩が頭をもたげる余地もなく、百カウントまで。数字といっしょに呼吸しながら水風呂のなかでなごむ自分がおり、数える行為がもたらす絶大な効果に驚かされた。その日以来、十五度の水に浸かるときは、無条件に百まで数える慣例ができた。めでたい。

自分の生活の大半は数字でできている気がする。

朝起きてすぐ、「体重計に乗る」。もう何十年も続いている習慣で、毎朝の数字を確認しなければ気がすまない。容赦のない数字に動揺したり安堵したりしたあと、続けて表示される基礎代謝、BMI、体脂肪率、筋肉量、身体年齢……毎朝それなりに変動するから、こわごわ覗《のぞ》き込む。

毎日欠かさず体重を測っていると、だいたい見当がつくようになる。こないだ、前日にかつカレーをひさしぶりに食べたら、五百上乗せ。ひええやっぱり、と震え上がってスクワット十回プラス。数字に翻弄されている。

いそいそと一年ぶりの人間ドックにやって来た。

〈検査日は自分の誕生日〉。これを習慣にしているので、年に一度、自動的に人間ドックを予約する。殊勝な自分を褒めるのがモチベーションになっているので、「いそいそ」

してしまう。

十年くらい前は、うっかり一、二年の空白ができたりしていたけれど、そんなトシでもなくなってきた。そもそも会社の定期健診とか健康相談室には無縁の身の上、〝自己管理〟の四文字が身に染みる。しばらくぶりに同じ境遇の友人に会うと、「健康診断してる？」「最近ちゃんと調べた？」なんて、指差し確認し合ったり。

検診着に着替えてセンター内を歩くと、以前は面倒くさくて抵抗があったのに、うれしい自分がいる。腕を差し出して採血、横になって超音波検査、ぺたぺた電極を貼られて心電図……しだいに日常や属性が切り離され、むきだしのカラダひとつになる清々《すがすが》しさを覚えるのだ。

検査の順路を指示通りに廻りながら、考える。

この奇妙な快感はどこから来るんだろう。

数字なんだな、と思い当たる。採血も超音波も心電図も、あとで数字や図に置き換わる。その数字や図は焦ったり驚いたりする結果を連れてくるかもしれないが、自分が可視化されるヨロコビを歓迎するようになった。

以前は恐怖でしかなかった胃のバリウム検査も、ちょっとしたエンターテインメントだ。発泡剤を口に含んだ瞬間のシュワシュワ感が楽しく、「ハイ、足を下につけたまま台の上で一回転してください」「次は少し左、三十五度くらい斜めになりましょう」なんて間断のない指示に従っていると、検査技師と共同作業に取り組んでいる気分。バリウムがずいぶん飲みやすくなったことにも感動する（何年も前だが、ストロベリー味とかバニラ味が現れたときは地獄だった。味わっちゃ負けだと思うのに、つい味を探してしまって喉に入らなくなり、途中で敗北宣言した苦い過去がある）。

ＭＲＩ検査も、まかせてほしい。友人から「閉塞感が恐ろしくなって緊急ボタンを押した」話を聞くと、私は鈍感なんだろうかと恥ずかしくなる。ガタガタ、ゴトゴト、ピーと耳もとで鳴る大きな音を聞いているうち、だんだん眠くなってくるのです。あっというまの十五分。もう少しゆっくりしたかった、なんて残念に思う始末。

今年も、オプションとして骨密度の検査を加えてみた。じつは一年前、郵送されてきた検査結果の書類のなかに「骨密度を上げる必要がある」と指摘してあった。焦った私は、この一年、料理に牛乳を使う回数を増やし、小魚を齧り、鮭やらきくらげやら切り干し大根やら、せっせと摂取してきたのである。自分なりの努力の成果を示す日がやってきたと思うと、計測台の上にのせる左腕にも力が入った。

可視化される快感は、今日いっときだけのもの。数週間あと、容赦のない数字を知ることになるのだから、じつはスリルと背中合わせである。

病院を出たのは二時間半後だった。それなりに消耗した気がする。十六時間以上食べていないし、バリウムしか飲んでいない。急に、赤くて辛いチゲが食べたくなった。

# たぶん三年ぶり

四谷三丁目で用事をすませると、午後一時を回っていた。腹時計が合図を送ってくる。どこへ行こう。そうだ、すぐ先を左折すれば車力門通り。まっすぐ歩いて突き当たりにあるあの店がいい。

新宿区荒木町は、掘れば掘るほどおもしろい土地だ。江戸期、美濃国高須藩藩主・松平義行が広大な屋敷を構え、邸内には滝のある大きな池があった。この池の水で、徳川家康が乗馬に使うムチを洗ったことから「策《むち》の池」と名前がつく。隆起のある地形がしだいに景勝地として栄え、料理屋や旅館が軒を連ねるようになり、東京でも有数の花柳界を育んでゆく。荒木町の芸妓たちは赤坂や新橋より品がいい、芸達者だと評判をとったから粋な客も多かった。資料によれば、昭和初期の料理屋十三軒、待合六十三軒、芸妓が所属する置屋八十三軒、芸妓二百人以上。小路を歩けば、あちこちからチントンシャンの音色が聞こえてきただろう。
しかし、東京の粋な風情を戦争が奪った。花街の華やぎは消え、空襲であたり一帯は壊滅。終戦後も、花柳界の復興は叶わなかった。
いまも荒木町には往時の名残りがあちこちに遺《のこ》る。すり鉢状の低地。急勾配の長い階段。都電が走った当時の敷石を使った石畳。策の池。史実を伝える石碑の数々。一帯にひしめく飲食店が、現代の荒木町の顔だ。
さて、私が「今日はあの店」と思い定めて向かったのは、「とんかつ鈴新」。創業六十年を超えるこの店の建物は、かつて見番（四谷三業組合の事務所）があった場所で、芸妓が足繁く出入りした。組合が解散した昭和五十八年、荒木町の花柳界は幕を下ろすのだが、代々愛されてきた「とんかつ鈴新」は、荒木町の生き字引でもある。
指折って数えてみると、コロナ禍以降一度も来ておらず、たぶん三年ぶり。それでも、ここの味をくっきりと思い出せるのだから、すごいものだなと思う。
入り口に名物が書き出されている。
かつ丼三兄弟
白い山脈　そうすかつ重
サクサクの　かけかつ丼
おなじみの　煮かつ丼

これ、これ。三年の歳月などものともしない不動の「三兄弟」だ。

やっぱり「かけかつ丼」を頼みたい。煮かつではない、煮ないかつ丼。これがうまい。待つことしばし。以前は厨房でとんかつを揚げていた二代目のご主人が、お膳を運んできてくださる。いま、とんかつを揚げるのは三代目を継ぐ息子さん、その隣にお母さん、つまり二代目の奥さん。家族で営む姿は変わらない。

丼のふたを開ける。ぴかぴかの飯の上、向こう側にとんかつ。手前に卵とじがとろり。これが、とんかつの半分だけ卵とじのかかった「かけかつ丼」だ。自家製ラードで揚げたさくさくしゃりしゃりの衣の風味は損なわず、でも煮かつの風味も味わえる。私は、卵とじのかかっていないとんかつを一個だけ残しておき、とんかつソースをちょろりとかけて最後にソースかつを味わいます。この欲張りがまたうれしくて。

ひさしぶりの「とんかつ鈴新」は期待通りだ。ただ、コロナ禍中だったからお客は誰も喋《しゃべ》らず、店内はしんと静まって、とんかつを揚げるぴちぴちと小気味いい音だけが響いていた。

# 五十年ぶり

小学校から大学まで、一度も同窓会にも出席したことがない。遠方だとか都合が合わないとかいろんな理由をつけて、足が向かないままズルズル。このままずっと同窓会には縁がないと思っていた。

ところが。

発端は「おかやま文学フェスティバル」二日目、岡山県立図書館で二月二十六日に開かれた私の講演会だった。小中学校の同窓生十数人も来場すると知らせてくれたのは、岡山市文化振興課に在籍するK君。彼は小中学校の同窓生で、たしかいつも学級委員長だった。K君ひとりでも五十年ぶりの動揺が走るのに、いきなり十数人……タイムラグの質量を受け止められるのか、どんな感情に襲われるのか、大丈夫だろうか、自分。

しかし、杞憂だった。講演が終わったあとの控え室に入って来た男女の一群が視界のなかに入ったとき、「あっ」。思わず数歩駆け寄った。

「近所のO薬局のO。覚えとる?」

うわー、覚えてる、覚えてる。

「中学からいっしょだったKです」

わあ、お久しぶり! 「ずっと本、読んでます」の言葉に感激して、胸がいっぱい。こみ上げてくるのは温かな感情ばかり、いったいこれまで自分は何を恐れていたのだろう。野球部の猛者《もさ》はトライアスロン選手になっており、放送局勤務、中学の元校長先生、ミュージカル女優、歯科医……みんなそれぞれの人生を歩いていた。

当夜、あらためて料理屋に集い、なつかしい話に花を咲かせる。しだいにひとりずつ五十年前の顔がじわじわ浮上してくるから、本当に不思議だ。みんな「君」「ちゃん」呼び。止まっていた時計の針が一気に動き出していた。

担任の先生の話になったとき、あ、と思った。

ちょうどその頃刊行したばかりの『ルポ　筋肉と脂肪　アスリートに訊け』は、最前線のアスリートたちにとっての食事と身体の関係を探る一冊なのだが、その序章、自分の運動体験を書いた。小学四年のクラス担任で水泳部顧問のT先生が水泳チームにスカウトしてくれたが、私は伸び悩んだままだった。プールサイドに立つT先生の顔に「期待外れ」とあり、そのとき味わった挫折の感情が剥がれない。

思い切って訊いてみる。

「T先生、覚えてる?」

間髪入れず、O君。

「うわー、T先生! 腹にマジックで大きな絵を描かれたことがあるよ」

隣のK君、大きくうなずく。

「あの先生は面白かったよな」

そして衝撃の発言。

「T先生は、給食の時間のとき、学校の正門のすぐ近くにあった定食屋へ、自分ひとりで昼ごはん食べに行っとった。給食の時間に生徒ほったらかしょ? いまなら大問題になるけど、おおらかな時代じゃったなあ」

小学生の給食なんかに付き合っておられるか。オレは自分の食いたいものを食う。T先生のココロの叫びが定食屋へ向かわせたのである。

私は、積年の鬱屈が晴れた心地がした。そんなT先生だったから、期待に応えない者にたいして失望を隠さないなど当たり前田のクラッカー。小さな、しかし喉の奥に突き刺さったままだった棘《とげ》がひょいっと抜け、五十年ぶりにスカッとした。

こんな愉快な時間を持たせてくれたみんなに感謝しかない。扉を閉め切っていた過去が、あらたな時間の始まりを連れてきた。

# 痛恨のカレー

八月が近づくと、決まってサザエカレーのことを考える。安西水丸さんが大の得意だったカレーだ。

獲れたての新鮮なサザエを使ってつくるカレーは、水丸さんの自慢料理だった。偏愛ぶりの一端を、自分でこんなふうに書いている。

「サザエのカレーというと、何と贅沢なと、よく言われるが、当時の千倉には海に行けばサザエなどごろごろあった。

『今日はサザエのカレーですよ』

母に言われると、腹がきゅっと鳴り、口のなかがたまらなくそれを求めたものだ。今でも変わらない」(『a day in the life』風土社)

ちょっと自慢げな水丸さんの顔が浮かんでくる。少年時代を南房総の千倉で過ごした

水丸さんのように海の近くで暮らしていたらサザエカレーに遭遇できたかもしれないけれど、そもそも魚介のカレーがこの世に存在するのも知らずに育った。読んで知ったサザエカレーだけれど、出会う機会はいっこうに巡ってこない。

ふと思い立ち、千倉の海へ出掛けたのは六年前の七月だった。水丸さんが急逝したのは二〇一四年三月、それから三度目の夏。水丸さんのイラストレーションのアイコンでもある一本の水平線の原風景を眺めたくなったからだったが、どこかにサザエカレーのことが引っかかっていたのだと思う。いまなら旬のサザエが網にかかっているのでは、と。

果たして千倉の道の駅には、生け簀のなかに立派なサザエがごろごろ並んでいた。地元の港に揚がったメジナやイサキの刺身定食を食べたあと、喜び勇んで買い求め（たしか殻ごと二キロだった）、連れ合いの運転する車の後部座席に積み込んで一路東京へ戻った。

夕刻、家に着くなり台所に直行、発泡スチロール箱に氷詰めしたサザエを運び込む。獲れたての鮮度を逃しちゃならない。サザエカレー初挑戦者は、思案したのち、殻ごと新聞紙で包んでカナヅチで割り、中身を取り出す策をとった。むちむちのハダカの身を鋏《はさみ》で細切れにし、急いでつくったカレーの鍋に沈める。濃い緑の尻尾（ワタです）も潰し、いっしょに混ぜて十五分ほど煮た。

憧れのサザエカレーは、想像も期待もはるかに超えていた。身やワタから染み出た規格外のうまみ。それでいて、下卑たところがない。肉のカレーにも野菜のカレーにもない、サザエカレーの端正で奥深い世界に激しく揺さぶられた。

ところが、である。しばらく経ってから水丸さんの本を何気なくめくっていたら、このくだりに遭遇した。

「ホタテカレーもサザエカレーも、殻付きをいつも使う。鍋に殻付きのまま入れて茹であげるわけだが、大切なのはその時のお湯で、これがホタテやサザエの出汁をもっているので、タマネギを炒めた後に、このお湯を利用する」

なんてこった。あのときは殻を割って強引に身や尻尾を引きずり出したけれど、「殻ごと茹でる」が正解だったのか！　つい興奮して、暴挙に出てしまった。でも、中身をまるごと鍋に入れたのだから、うまみは外に逃がしてはいない……自分を慰めたけれど、濃厚な煮汁を使うカレーはまたべつの味だったに違いない。

ようやく出会ったサザエカレーは、ふたたび憧れの高みに駆け上がってしまった。いつか、二度目のチャンスは巡ってくるだろう。

# とろみとタマミ

楳図《うめず》かずおの恐怖漫画に「赤んぼ少女」という傑作がある。一九六七年、「少女フレンド」に連載されていたとき、小学生だった私はおっかなびっくり読んで冷や汗をたらした。

ホラー版シンデレラ物語。悲惨な生活をしていた南条葉子は、じつは裕福な家のお嬢さまで、南条家の屋敷で暮らし始めると、天井裏には奇っ怪な赤ん坊の姿の南条タマミが隠れ棲んでおり、恐怖のどん底へ……こうして思い出すだけでぶるっと震えがくるのだから、さすがは楳図先生。ちょうどいま「楳図かずお大美術展」が東京シティビューで開催されているので、見逃すわけにはいかない。

忘れていたいのに、たまにタマミが脳内に現れ、ひっと叫ぶことがある。「あ、語感が似ている」と思ってしまった日から、ときどき。

とろみちゃん。

商品名です、顆粒の片栗粉の。

洒落っ気のない素朴なラベルに、こんな文字が並ぶ。

「ふりかけタイプの片栗粉」

「ありそうでなかった便利な子」

「水にとかさず　そのままふりかけるだけ」

とろみちゃんとタマミが交差したのは、「便利な子」と書いてあったから。

ここ数年、私はとろみちゃんに籠絡されている。初めて存在を知ったのは、友だちと話しているとき「とろみちゃん、すごくいい！」という礼賛によってだった。後日、スーパーに行くと棚に並んでいるのを見つけ、さっそく使ってみた。

コペルニクス的転回。

私は鍋の前で静かに興奮した。

何十年このかた、片栗粉の白い粉に悩まされてきたのである。きしきしと神経質な音の鳴るでんぷんの白い微粒子は、袋から外に出すとき飛散しがち。袋の口を折って留め直すたび、脇から白い微粒子が洩れて嘆息させられるのだが、いっぽう、とろみちゃんは分子の大きい顆粒だから、とてもお行儀がいい。

なのに溶けやすい、ってすごくないですか。なにしろ片栗粉を水で溶かなくてもいいのだから、いまだに目をぱちくりする。

長年ずっと、酢豚もあんかけ焼きそばも卵スープも「片栗粉の儀式」から逃れられなかった。袋からぱふっと出します、小皿に入れます、水を少し入れます、菜箸で掻き回して溶きます（面倒だから指で混ぜたりもする）、もたもたすると底が固まるので、また混ぜます……一連の儀式を通過する必要があった。ところが、とろみちゃんはすべてをブレイクスルーする。ボトルのキャップを開け、鍋のなかにしゃっ、しゃっ、しゃっ、白い顆粒を直接振り込んでお玉で混ぜると、きれいなとろみが現れるではありませんか。

製造元を知って納得した。北海道士別市、大正十二年創業「丸三美田実郎商店」は、昭和二十九年から馬鈴薯でん粉を製造する会社で、使いやすい顆粒状の片栗粉の開発に挑んだ。添加物なし。そして、とろみちゃんは発明協会主催・北海道地方発明表彰で発明奨励賞を受賞……北海道が生んだ輝ける星である。

ぱっと手軽にとろみをつければ、喉を通りやすい、冷めにくい、料理もレベルアップ、いいことだらけ。介護食づくりにも貢献しているはず。タマミちゃんにしても、幼い頃の想像力をがつんと鍛えてくれたのだから、いまとなっては感謝しかない。

# お帰りなさい

夜、来たる。

オレ、寝る。

寝酒《トリス》、飲む。

眼、とける。

一九六四年、トリスウイスキーの新聞広告の宣伝コピー。書いたのは、一連のトリスウイスキーの宣伝広告を担当していた開高健。

全国あちこちにトリスバーができ、洋酒ブームが巻き起こった頃だ。私の家でも、居間のガラス棚に父が晩酌で飲むウィスキーの角瓶が置かれるようになった。

ちょうど同じ六四年、東京・中野駅北口に一軒のトリスバーが開店する。中野サンモール商店街がアーケードになったのが一九五八年、高級マンションの中野ブロードウェイが完成するのは六六年。この界隈は、時代の先端できらきら輝いていただろう。

バーの名前は「ブリック」。外壁や店内の壁はレンガづくり、カウンターの下の足置きのレンガもめっぽう安定感がよく、半世紀経っても最高の居心地を守る。トリハイは値段も変わらず二百円台だったし、白衣に蝶ネクタイのバーテンダーのきびきびとした応対も「ブリック」流。酒のつまみはキスチョコ、ポッキー、缶ごと焼くオイルサーディン、マカロニサラダ、目玉焼きの白身の上に花びらみたいにハムを置くハムエッグ、グリルドサンド……安くてうまい。たしか、ちくわやシュウマイもあった。時代の波に飲み込まれて各地のトリスバーが消えてゆくなか、「ブリック」は中野のランドマークのひとつだった。

でも、消えてしまった。

コロナ禍中、営業制限下で休業したまま、二〇二〇年四月閉店。惜しむ声は大きく、ニュースにもなった。もちろん私にとっても、大事な場所を失った衝撃はひどく、友人知人と「ブリック」で集った何十年分の記憶のあれやこれやを引きずり出し、悲しみに暮れた。しかも、それから二年以上、以前の姿を留めたまま、路地裏でもぬけの殻となって沈黙したままだったから、通りかかるたびに切なく、ときどき目を伏せた。

ところが、この十一月に入ってすぐ、なんの気なしに開いた携帯電話のニュースサイトの一行に目が引き寄せられた。

「中野駅北口の老舗バー『ブリック』が営業再開　経営者代わるも内外装はそのまま」（中野経済新聞）

本当だろうか。あわてて読むと、十一月一日にオープンしたばかりだと書いてある。神も仏もおわします、という気持ちになりながら思った——自分の目で確かめなくては。

ええもう翌日、私は行きました。昼過ぎまで机に向かってひと仕事して、休憩時間のつもりで電車に乗り、四駅先の中野で下車。狐につままれたまま、北口のロータリーを渡った。

サンモール裏の細い路地を進むと、開店祝いの花が見える。どきどきしながら扉を押すと、あのなつかしい空間にタイムスリップ。二階に上がると、革張りのスツールも、テーブルも椅子も、すべて当時の姿のままだ。幻かと目をこすったが、酒瓶が並んでいた棚にはコーヒーカップが並び、昼間はコーヒーや軽食、夜はバー。でも、一階では昼間も酒を出すらしい。親しみのある接客も変わらない。

メニューを開いて、また感涙。

トリスのハイボール　２８０円！

# II

# 酔いどれ卵とワイン

# ピーマン、でた！

今季第一号の冷やし中華を食べた。気温が二十七度まで上がってずいぶん暑かったから、ときどき寄る地元の町中華で。

〝初物を食べると寿命が七十五日延びる〟という謂《い》いがあるけれど、鰹《かつお》とか松茸とかの正調初物じゃないから、まあ寿命延長三日くらいでしょうか。とはいえ、冷やし中華第一号には毎度すがすがしいヨロコビがある。

イキのいいピーマンが出回るのも、ちょうどこの頃だ。露地もののピーマンは、ひと目でそれとわかる。パリパリのぴんぴん、艶もまるきり違う。八百屋の店先で見かけると「よし来たー」。しかも、袋のなかにぎっしり詰めてあるので、収穫祭みたいな様子も景気がいい。

露地もののピーマンを手にしたら、勝手に包丁が動いた。

洗って種を抜いたのをごろんと横にして、ざくざく、すこんすこんすこん。

三ミリ幅の輪切り。

なにしろパリパリだから、包丁の刃の入射角度がピシッと決まる。切り込んでもピーマン本体がずれたり割れたりしないのも気持ちがいい。

輪切りの小山が溜まってゆく光景を見ながら、思った。

今日を待っていた。

ずっとこんなふうに切りたかったけれど、ふかっと柔らかな温室育ちではうまくいかず、ほぼ一年、このキレ味を待っていたんだなと気づく。

輪切りのピーマンには、虚を突かれる。ついさっきまでぶてぶてしい緑の塊だったのに、一転、細くて愛らしい輪っか。そもそも内側に空洞を隠し持つピーマン自体が劇的な存在なのだろう。

輪切りピーマンを、こんなふうに食べている。

〈小山三個分の輪切りをボウルに入れ、ひとつまみの砂糖をかけて混ぜ、五分ほど置く〉

砂糖はほんのおまじない。砂糖をまぶすと、ほんのわずかだけ、浸透圧によって水分が染み出て味も丸くなるから、少うしだけ風味がデリケートになる、気がする。

そしたら、次に進む。

〈ツナ缶の油を切り、ピーマンとさっくり和え、白ごまをふる〉

これだけ。新鮮なピーマンのほろ苦さとツナはよく合うし、ツナには塩気もあるから、とくに塩を使わなくてもいい。マヨネーズ風味が好みなら、少しマヨネーズを加えてもいいですね。

今週は、この〈ツナまみれピーマン〉を四日間連続で食べた。大袋にぎっしり十二個も入っていたし、輪切りのざくざくが楽しいし、朝っぱらからほろ苦い緑をじゃきじゃき音を立てて頬張っていると、元気になるし。なぜか全然飽きないのです。

オマケがもうひとつ。

〈輪っかは捕獲しやすい〉

輪になっているから、確実につまみ上げられる——箸が進むとはこのこと（拡大解釈しています）。皿のなかの緑にひと箸入れると、輪っかがスイッと確実についてくる手堅さもうれしい、小さなおかず。

つらくなるほど暑い今年の夏は、しっかり食べなきゃ切り抜けられない。でも、台所に立つのもおっくう、火を使うのもうっとうしい。どこかで折り合いをつけたいと苦闘するうち、ピカリときた。

混ぜそば、混ぜうどん。

朝食をコレでいきます。

麺+大量の野菜=ひと皿で完結。

ひと皿だけの手間なら、この酷《ひど》い暑さも切り抜けられるんじゃないかと踏んで、自分で自分の背中を押してみたら、六月末から八月の今日まで週四のヘビーローテーションで混ぜうどん、混ぜそばの朝。一日のはじまりにしっかり食べると、その日の柱が立つ。

麺ならなんでもいいんです。うどん、そうめん、冷や麦、そば……手近にある麺をなんでも使う。麺には、「ゆでる」という熱いひと手間があるけれど、そのあと、水にさらして「冷やす」心地よさが待っていると考えたい。

朝だから、時短。

麺をゆでる時間=調理時間。

台所に立って調理するのは、湯を沸かして麺をゆでるあいだ、長くて十分以内だから、朝には、この帳尻の合い加減が本当に助かる。たまに目玉焼きなんか焼くときもあるし、昨夜のおかずが残っていれば出したりもするけれど、とにかく〈ひと皿で完結〉がイイ。

週二の割合でつくる混ぜそばは、緑の野菜をたくさん刻んで、そばと和える。ゴーヤ、ピーマン、きゅうり、みょうが、しそ、クレソン……これだって、なんでもいい。練りごまベースのたれと合わせ、しゃきしゃきじゃきじゃき、歯のあいだで威勢のいい音が鳴る野菜とそばには不思議な一体感がある。

週二（三回かも）でつくっている混ぜうどん（細うどん、そうめんのこともある）が、ミニトマトと梅干しをオリーブオイルでさっと炒め、海苔をたっぷりかけたやつ。梅干しの底ヂカラはさすがに驚異的で、ミニトマトのポテンシャルを盛り上げながら、悪魔的な中毒性を生み出すので怖いほどです。

朝のエネルギー源が腹のなかに収まると、今日の猛暑もどうにか乗り切れる気がしてくる。洗う皿も、ひとり一枚だけ！

# うちなーんちゅに学ぶ

かちゅーゆを知っていますか。

初めてそう訊かれたとき、ぽかんとした。「ちゅ」は「ｃｈｕ」じゃなく、微妙にフランス語の「ｔｕ」に近いし、「ゆ」にアクセントがあるので、外国語みたいな響き。意味を探りたくてもとっかかりがゼロは、つらい。藁《わら》にもすがりつく思いで（ロシアのお菓子だろうか）と思ったのは、「かちゅー」↓「カチューシャ」の連想だったところに想像力の貧しさが露呈している。

「かちゅーゆを知っていますか」と私の顔を覗き込んだのは、那覇の首里に暮らすIさん。台所のかたすみには火《ひ》ぬ神《かん》のしつらえがあり、毎日新しい水と塩をお供えし、一日の始まりに必ず線香を焚くのが習慣ですと言う。

降参して、さっぱりわかりません、何ですかと泣きつくと、「いまつくってあげますね」。

Iさんが食器棚からお椀を取り出し、袋から手づかみにした鰹節をばさっと入れ、スプーン一杯の味噌を落とし、やかんの熱い湯を注いで箸でよく混ぜる。

「ハイできました。これが、かちゅーゆ」

飲んでみてください、と湯気の立つ熱いお椀を渡されて、なかをしばらく見つめながら、そうか、と察しがついた。

かちゅー＝鰹

ゆ＝湯

かちゅーゆ＝鰹節の湯

お椀に口をつけ、そろそろと啜《すす》る。

ただの湯を注いだだけなのに、口いっぱいに広がる鰹節のうまみ、派手なうまみを包み込む味噌のこく。飲んでいると、鰹節のアミノ酸、味噌のアミノ酸、ダブル攻撃の威力にたじたじとなる。しかも鼻先にふわふわ、鰹節と味噌の香りが綯《な》い交ぜになって立ち上り、猛然と癒やされる。

すごい。これは究極のインスタント、いってみれば味噌汁の原点だ。

感じ入っていると、Iさんがうながす。

「鰹節も食べるといいですよ」

沖縄のひとと話すときいつも思うのだけれど、何かを勧めてくれるときの、半歩下がった物言いが優しい。「鰹節もむだなく食べなきゃ」なんて相手を押さず、「食べるといいですよ」。奥ゆかしい。

湯のなかを悠然と泳ぐ鰹節を箸の先でつかまえ、にょろ〜っと引き上げて口に運ぶ。すると、噛むたびにうまみが現れ、しぶとい。それに、また汁を口に含むと、最初よりぐんと味に深みが出ているから、飲みごたえもある。

かちゅー湯は、沖縄県民なら知らない者はいない日常食、うちなーんちゅのソウルフードだった。鰹節と味噌の組み合わせを基本として、梅干し、刻みねぎ、白ごま、とろろ昆布……そのときどき好みのものを足したり、足さなかったり。「二日酔いのときなんか最高なんですよ」とIさん。忙しくて時間のないときも助かるし、とくに忙しくもないときにも、かちゅー湯。

一杯の味噌汁をつくるのも面倒なときがある。でも、大丈夫。一年中、かちゅー湯があるから。つい数日前、ふと思いついて、かちゅー湯に煎餅を割っていれてみた。朝もいいけれど、夜食にも向くスーパーフードだ。

# 広東のカレーライス

神楽坂《かぐらざか》を毘沙門天《びしやもんてん》の方向へ上がって三、四分歩くと、左側に中国料理「龍公亭」がある。

神楽坂を代表する老舗で、初代が「あやめ寿司」を明治二十二年に開き、その二階で「龍公亭」を始めたのは大正時代……私が知っている背景は、店の長い歴史のごく一部なのだが、不動のスタンダードについて話したい。

カレーライス。

ほかに名菜はたくさんあるのに、わざわざカレーライスを名指しするのは申し訳ない気もするけれど、心に残る味だからぜひ紹介したい。

白い皿に平たく盛った白飯、とろりと広がる華やかなカレー。ぷりぷりのいか、海老、玉ねぎ、にんじん、ピーマン、筍、きくらげ。大ぶりに切り揃えられた端正な様子が鮮烈なコントラストを盛り立て、ぷうんと芳しい黄色い香りにも攻め込まれる。

　このカレーライスの決め手は、鶏のだし。れんげですくって食べ進むと、さらさらのひと口の奥から透明感のあるうまみが素材の持ち味を引き上げているとわかってくる。カレーライスといえば、確かにカレーライス。しかし、八宝菜や中華丼にも繋《つな》がる懐の深さが、「龍公亭」のカレーライスにはある。

　中華カレーと呼ばれる分野がある。インドでもスリランカでもマレーシアでも、イギリスでも日本でもなく、中国で生まれたカレー。広東地方がルーツだから、私は広東カレーと呼んでいる。

　私が初めてその存在を知ったのは、一九八〇年代の香港だった。大衆食堂とカフェを足したような、どこにでもある茶餐廳（チャーチャンティエンと発音する）に入って定番メニューを眺めていると、「咖喱飯」とあるから驚いた。これ、カレーじゃないか！　骨付き鶏肉カレー、牛ばら肉カレー、牛筋カレー、いろいろある。カレーとご飯は別盛りで、さらさらの長い米にかけた汁っぽいカレーはスパイシーな香港の味。香港に通ううち、上環「九記牛腩」の卵麵にかける牛筋カレーにタマシイを抜かれ、地下鉄に乗って何度も通った。食後にコーヒーとミルクティの合体バージョン鴛鴦《ユンヨン》茶を飲んでいると、香港気分がいっそうくすぐられるのもなつかしい記憶だ。

　イギリス領だったから、いち早くスパイスに触れる機会があった。そもそも広東料理が発展したのは、広東地方が海外貿易の重要な拠点だったから。つまり、香港スタイルのカレーが生まれたのは自然な成りゆきだった。

広東カレーが傑出しているのは、ものの五分、十分で出来ちゃうところ。素材を切って、強火でガッと炒め、仕上げに水溶き片栗粉でとろみをつければ万事ＯＫ。玉ねぎは一時間炒めて、二時間煮込んで……なんていうのとは別世界のカレーだ。そう、中国の野菜炒めに相通じるスピード感が身上である。

ただし、わずか十分でつくれても、このカレーライスをスペシャルなものにしているのは、鶏のだしの存在だ。鶏ガラやモミジ、野菜などをことこと煮て取った金色のだしは、それぞれの店の味の柱でもある。つまり、お玉一杯足らずの鶏のだしが広東カレーの世界を牛耳っており、「龍公亭」のカレーライスにも、そんな広東カレーの魅惑が横《おう》溢《いっ》している。

神戸にも、胸アツの広東カレーがある。

かつて中国人が神戸の土を踏んだのは一八六八年（慶応四年）、神戸開港の年。当初は外国人居留地のすぐ近くの「雑居地」に住んで家業を興し、華僑として土地に根を下ろしてゆく。いま「南京町」と呼ばれている栄町通から元町通にかけてのエリアは、しだいに人口が増えて興隆した華僑の生活圏だった。当時の写真を見ると、にぎやかな商店やマーケットは中国色いっぱいで、それこそ香港あたりの路地裏の混沌とそっくりだ。

しかし、一九三七年（昭和十二年）、日中全面戦争が勃発すると、華僑の帰国が相次ぐ。そして太平洋戦争勃発、大空襲によって、神戸は焦土と化した。

……申し訳ないくらいの早足で語ればそういうことになるのだが、開港以来百五十年以上の歳月のなかには、華僑と日本人が育んできた数々の味がある。カレーライスも、そのうちのひとつ。神戸の歴史と広東カレーは直結しており、黄色いひと皿に港の風が吹いている。

惹かれるカレーはいろいろあるけれど、たとえば、何度でも扉を押したくなるのは元町商店街のすぐ裏手、黄色いテントが目印の「広東料理　民生支店　香美園」。昭和四十年代創業、開店当初からメニューにはカレーライスがあったという。昼どきはカレーを注文するお客が目白押しで、店内にはカレーの香りが渦巻く。

つい三週間前、また行ってしまった。実家から東京に戻る途中、神戸に用事をつくってわざわざ新幹線を途中下車したのは、本当をいえば「香美園」のカレーライスを思い出してしばらくぶりに食べたくなったからだ。

お昼前に着くと、私が最初のお客だった。

「カレーください」

ひと皿七百円。五目焼きそばも雲呑《ワンタン》もやきめしもあんかけ焼きそばもあるけれど、エイと振り切ってカレー。いつでも来られる地元のひとがうらやましいなと思う。

注文して数分後、あの音が厨房から鳴り響いてきた。

カンカンカン！

中華鍋のへりをお玉で叩く音だ。じゃっと炒める玉ねぎ、豚肉、じゃがいもが混じり合う光景を想像し、生つばが溜まる。客席からちらりと見える厨房で職人さんが鍋を振る後ろ姿にもぐっときて、目の前にあるコップの水をひとくち。

あっというまにカレーが来た。

すっきりと潔い、超シンプルなひと皿。片栗粉でとじたとろーんとなめらかな黄色の表面が鏡みたいにきらきら輝いて（比喩ではありません）、とてもまぶしい。

スプーンを差し込んですくうたび、感動が高まってゆく。スパイスの黄色い刺激の合間から染み出てくる、鶏ガラと豚骨のスープのすっきりとした上品なうまみ。食べ終わってしばらく、唇のあたりがくっついてぺなぺなするスープこそ、広東カレーの隠し味。

一世紀半前に港町に上陸し、家族もろとも根を下ろした華僑のエネルギーを感じる。

# 虫養い

京都に、麩や湯葉を商う「半兵衛麩」がある。創業元禄二年（一六八九年）、京町家の本店は五条大橋のそばにあり、すぐ近くには鴨川が流れる。三百余年に亘《わた》って寺院への卸売りを続けてきたが、より広く麩に馴染んでもらいたい、と奥に茶房「半兵衛」を設けている。昼だけの営業だが、町家でゆったり過ごす時間もうれしく、京都に行くとたまに暖簾《のれん》をくぐる。

茶房で出す食事に「むし養い《やしな》」の名前がついている。縁高の折敷《おしき》に生麩の田楽、生麩の煮もの、焼き麩の酢の物、生麩のしぐれ煮、湯葉豆腐など。汲み上げ湯葉、吹き寄せ生麩の揚げだし、生麩と湯葉のみぞれ椀、よもぎ麩の白味噌仕立て……生麩と湯葉だけでかくもめくるめく世界が現れるのか、と驚かされる。これほどの鮮やかな趣向を披露できるのは、麩ひと筋に商う老舗の力量ゆえのこと。

「むし養い」の「むし」は、〝虫〟。空腹のとき、手近なものを食べて腹の虫が鳴くのをいっときなだめることを、京言葉でこう言うようだ。「半兵衛」では、(湯葉と生麩だけの軽い一食です)と言外に語っているわけで、奥ゆかしく一歩引きながら、みずから商う食べものの特性を表現する技ありのネーミング。

虫養い、あるいは虫押さえ。いずれもおなじ意味の言葉だが、虫養いに軍配を上げたい気がする。むやみに押さえ込んで黙らせるより、ちょっと先回りして腹の虫に軽いものを与えてやり、よしよし、我慢できていい子だねと褒めて育てる方針でゆく。

さて、雅びな京都からいきなり忙《せわ》しない現実に引き戻してしまうのだが、私の虫養いは、飯を海苔で包んでパタンと折り畳んだだけ、黒い棒状のそっけないしろもの。仕事場で机に向かっているとき、腹の虫がむずかり始めると、家から持参したまっ黒い棒を紙袋から取り出し、食いちぎるようにしてもぐもぐと食べる兵糧食だ。

名前を訊かれれば、「黒玉むすび、ですかね」なんて答える。とりあえずひとまとまりになっているから「おむすび」に近いかな。四角い棒だけれど、兵糧食だから「黒玉」でいいのかな、とも思う。

作製法です。

①全形の海苔を一枚広げる。

②温かい飯を中心に広げる。

③あり合わせのおかず（焼き魚の残りとか漬物とか）を少しのせる。
④折り紙みたいに海苔を折り畳んで、四角い棒にする。
⑤そのまま放置、温気で海苔がしんなりしたら袋に入れる。

火も使わず、指も汚さず、手間も時間もいらない。失敗も成功もなく、あとでがっかりする可能性もなければ、とくべつな期待感もない。外に出る余裕のないとき、切羽詰まっているとき、きゅうと鳴く腹の虫に都合二本も与えておけば必ずおとなしくなる、私にとっては約束の食べものだ。

以前、海苔弁時代が長かった。ほんのり醬油とおかかの風味の利いた海苔弁の安定感はすばらしかったが、だんだん弁当箱と箸がじゃまになっていった。少しずつ省いていくうち、海苔で全部をくるむだけの「黒玉」に落ち着いたのだった。

海苔の懐の深さに依存して、二枚重ねにすることもある。やたら分厚くなったのを、くいっと食いちぎって嚙みしだくと、飯と具と海苔の味が味覚に深く沁《し》み入る。腹の虫が（え、こんなイイものをもらっていいんですか）と小躍りする。

# 津山のホルモンうどん

乗車口のすぐ隣、高速バスの最前列に座ったのは初めてだった。兵庫の西播磨《にしはりま》から、フルスクリーンの風景が二時間分びゅんびゅん飛んで、もうすぐ津山。

ずっと津山に行ってみたかった。岡山県北、美作国《みまさかのくに》。江戸時代には五層の天守閣がそびえた津山城を戴き、いまも城下町の風情が色濃い。「倉敷とも似ていますよ」と津山出身のひとからよく聞いていたし、同じ県下に育ったから「津山」の響きは耳に親しかったのに、何十年も行きそびれていた。ところがこの夏、訳あって仲間四人が播州の西から備中倉敷への旅をする運びになり、〝じゃあ誰も行ったことのない津山経由で〟。じつは、このルートは、播州、山陽、山陰を結ぶいにしえの路でもある。

旅の栞《しおり》が決まったとき、私の脳裏に浮かんだのは「津山＝肉」の図式だ。古くから牛馬の流通拠点としても栄え、明治期に肉食が解禁される以前から「養生喰い」が根づいていた。地元の和牛繁殖農家が「つやま和牛」を育て、ご当地名物「津山ホルモンうどん」が人気を呼んでいるのも「津山＝肉」が成立しているからだ。干し肉も盛ん、ヨメナカセ（それってなんだろう）もうまいと雑誌の記事で読んだことがある。……いよいよ津山という土地に潜り込めると思うと、気が急《せ》いた。

ＪＲ津山駅に着いた。駅前で高速バスを降り、観光案内所でレンタサイクルを見つける。真夏だもの、電動自転車にまたがってスイスイ走るのだ。

まず津山城の東へ向かうことにした。吉井川の橋を渡って出雲街道に入り、苅田酒造跡、作州城東屋敷、火の見櫓《やぐら》、幕末に活躍した洋学者、箕作阮甫《みつくりげんぽ》旧宅、津山藩が生んだ洋学者のルーツがわかる津山洋学資料館……往時の白壁や瓦屋根が続くなかを縫い、炎天下、隊列をつくって自転車を漕ぐ、漕ぐ。寄りたいところが多すぎて、キーッとブレーキを掛けたりスピードを緩めたり、かなり忙しい。

「せっかくだから寄ろうよ」

最前列から声が掛かった。

じつは、津山はロックバンドB'zの稲葉浩志の出身地、そしてB'zファンの巡礼地でもある。観光案内所で集めた資料には〈稲葉浩志君の想い出ロードマップ〉とタイトルのついた紙まで用意され、そこに「稲葉君の生家（イナバ化粧品店）」をマッピングした案内地図が載っているから、驚いた。しかも、津山観光センター・菓子店・イナバ化粧品店三か所のスタンプを集めると、抽選で「お買い物券プレゼント」。観光協会とスターの実家がタッグを組むとは、なんと美しい地平だろう。稲葉ママは、ファンの間で大人気らしい。

その地図を握って、さらに東へ漕ぐ漕ぐ自転車。JR東津山駅を過ぎたあたり、八幡神社の先に資生堂チェインストア「イナバ化粧品店」はあった。スピードを限界まで緩めて店の前を通ると、ほんの一瞬、視界に現れた華やかな笑顔の稲葉ママが津山の印象を爆上げするのだった。

なぜ東を目指したか、理由があった。津山ホルモンうどんを出す「橋野食堂」を訪ねたい。昔から土地に根ざした畜産や食肉文化を考えれば、新鮮な内臓が流通するのは自然な流れ。それを名物うどんとして地元が喧伝しているのは知っていたけれど、岡山県北を訪ねる機会がないままお預けになっていた。

往来の激しい国道四二九号線から一本入った、いい風の抜ける旧道沿い。少し道に迷いながら、その百年食堂（創業百二十年らしい）「橋野食堂」の前に着いて、自転車を四台並べて停めた。大きな紫の暖簾が、夏の光をぱあんと跳ね返している。

昔ながらの食堂の様式美。堂々たる染め抜きの白文字に見とれる。

「ホルモン焼

めし

ブタ焼

はしの食堂」

ちょうど昼どき。紫の暖簾をぞろぞろ四人でくぐる。

がらり。引き戸を開けると、古き佳き食堂風景が広がっていた。土間にテーブルと椅子、奥座敷、高校野球の生中継を映すテレビ。年季の入ったなごみに触れ、汗だくで自転車を走らせてきたことを忘れる。

おや、あれは。

地元のひとに混じって席に座るなり、釘づけになった。

中央奥に、黒光りする鉄板。その奥に黒いＴシャツの男性がふたり立ち、客席と対峙する体勢で一心集中。両手に握ったコテで、コロコロ丸いものを焼いている。あれがホルモン⁉

注文は、四人とも一択です。

　ホルモンうどん

一玉８３０円

もちろん瓶ビールもつけます。品書きにはブタ焼、しんぞう、せんまい、他人丼、親子丼、玉子丼、カレーライス。味噌汁は１５０円、すまし汁２３０円。削《そ》ぎ落とされたメニューに年季を感じる。

キレッキレの技を繰り出す鉄板劇場を冷たいビール片手に見つめていると、「橋野食堂」という劇場に招き入れられる心地がしてくる。じゅっと焼きつけるホルモン、大量のもやし、角張ったうどん。空気をふわっと含ませるコテさばき……食べる前から確信する。おいしいに決まっている！

今度かな、次かな。

ついに順番がやってきた。

濃い茶色のうどんがどっさり、四皿。なだらかな頂上に大ぶりのホルモンが数個きらめく。

「すごおい」

「うん、すごいねえ」

思考を奪われ、箸を差し入れたら一気にラストまで。

味噌風味のピリ辛は、予想を裏切るさっぱりとした軽さだ。がっつり太めの男うどん。お宝の新鮮なホルモン。柔らかなふわっふわを噛むと、甘い脂がじゅんわり広がる。津山のあちこちにいろんなホルモンうどんがあるだろうけれど、次に津山に来たら「またここに来る」。四人の総意だった。

津山の多彩な肉文化には驚かされてばかりだ。市中を自転車で散策しながら、精肉店で保存食の干し肉を買い、居酒屋では、牛骨の端肉を削ったそずり肉の塩炒めを頼み、気になっていたヨメナカセはハツモト（心臓の太い管）のことで、コリコリの歯ごたえが楽しかった。「そずり鍋」にも出会いたいから、今度は秋冬に来なくちゃ。

腹ごなしに自転車を連ねて漕ぎながら、「あっ」と弾んだ声が上がった。

「もう少し走ると、西東三鬼のお墓があるらしい」

地図を確認すると「成道寺の墓地に墓があり、近くに生誕地跡もある」。新興俳句の旗手として知られる三鬼は、津山出身なのだった。そのまま三鬼を偲ぶ自転車行となり、夕刻にたどりついた津山城跡にも三鬼の句碑《しび》があった。

たった一日だけれど、津山の奥行きに痺れて余韻が深い。

旅の仲間のひとり、俳人、間村俊一による「備中行」のなかの二句。

備中成道寺

炎天のこゝに西東三鬼の墓

そずりとや削ぎ落としたる夏の月

# あこがれの日生

熊本県産のアサリを農水省が調べたら、その大半が外国産だったという報道が世間を騒がせている。これまでもアサリの産地偽装は九州全域や千葉でも見つかってきたから、イタチごっこだ。

よーく考えてみたら、そもそもアサリの値段の安さはオカシイ。国内の漁獲量は右肩下がりで激減しているのに、ホントにこれでいいの？　というくらい「国産」の値段が安い。今回の報道によれば、「中国産を仕入れ、浜で一定期間蓄養してから日本産で出す」、シルクハットから鳩を出してみせるような手口。県内を経由せず熊本産を名乗っていることも多いらしい。「偽装しなければアサリが売れない」というのが理由だが、産地を偽らなければ売れないってどういうことなんだろう。不正が罪深いのは当然だけれど、アサリが不漁なのに国産ものを安く買いたい消費者の心理につけ込んでいる。値段が高くても国産を選ぶのか、質と安さを天秤《てんびん》にかけながら中国産を選ぶのか、買う側もいっぺん整理したい。国産ファンタジーに踊らされていると、きっとまた産地偽装は起こるだろう。

いっぽう二月、地名を思い浮かべたい土地がある。

岡山県備前市日生《ひなせ》町。

岡山の東南に位置し、すぐ隣は兵庫。瀬戸内海に面した小さな港町で、瀬戸内海国立公園の日生諸島を有する……と、ここまでは正気を保っていられるのだが、名にし負う牡蠣《かき》の産地だと思うとたまらない。これまで何度か日生産の牡蠣を味わったことがあるのだが、まさに海のミルクという言葉が似合うふっくらと大きな牡蠣。例年二月の第四日曜日、全国から牡蠣好きを集めて開催される「ひなせかき祭」には、豪気な牡蠣の一斗缶買いはもちろん、殻付き牡蠣のバーベキュー、牡蠣フライ、カキオコ、牡蠣汁、牡蠣めし……うっとりしてきます。何年か前に「ひなせかき祭」の存在を知って憧れを募らせているのだが、いまだに自分の願いを叶えられずにいるのが悲しい。

ちょっと待った。カキオコってなんだ？

え？　となりますよね。私も、初めてカキオコの四文字を知ったとき、ハテナがぐるぐる回ったのだが、正体を知って驚いた。

カキオコは、牡蠣のお好み焼き。

日生の町おこしとか言われているらしいが、そもそも漁師メシだったという話は本当だろう。ふんだんに獲れる牡蠣をどっさりお好み焼きに入れる発想は、産地の食卓での自然な流れに思われる。

いったいどのくらい牡蠣が入っているんだろう、と想像をたくましくしていたのだが、料理研究家の土井善晴さんとお会いする機会があり、私はカキオコの牡蠣量を確認した。以前、土井さんが日生でカキオコを食べている記事を読んだことがあったのだ。

土井さんは目を見開き、断じた。

「いや、もう、あれは、すごい」

大ぶりの牡蠣がぎっしり肩を寄せて詰まっているらしく、食べても食べても牡蠣が出てくるって、牡蠣の桃源郷だ。

日生では、沿岸の自然環境を取り戻すために海の牧草といわれるアマモの再生に長年取り組んできた。日生の牡蠣は、海の食物連鎖ピラミッドのなかに棲んでいる。

いつの日か絶対行く。真冬の日生で、瀬戸内の風に吹かれながら獲れたての牡蠣を頬ばりたい。

# みかん電車に乗る

久しぶりの松山は、浪曲のうなり声で幕を開けた。浪曲師はご存じ、玉川奈々福。「たっぷり！」と声を掛けたいところだが、コロナ禍中だったからそうもいかず、大入り約三百九十人のお客さまとともに拍手喝采。

三年前、第十一回伊丹十三賞をもらって下さった。本来なら記念公演をすぐ松山で開催するはずだったが、コロナ禍で叶わず、ようやく。東京から駆けつけた関係者は、女優の宮本信子さん、映画監督の周防正行さん、小説家の松家仁之さんほか、私を含めて六人。みんな首を長くしてこの日を待っていた。

演目は、古典「仙台の鬼夫婦」と新作「金魚夢幻」。初めて浪曲を聴くお客さまも多いようだったが、拍手のしどころ、笑い声のタイミングもどんどんハマり、客席のあちこちでは目頭を拭う姿もあった。浪曲の魅力を心のどまんなかに届けたのは奈々福さんの芸の力だが、さすがは正岡子規の俳句を心の友とする方々だ。松山育ちの若い友人が「小学校の授業で、しょっちゅう俳句を読んだり作ったりしていましたよ」と言っていたことも思い出す。子規門下、高浜虚子と双璧をなした俳人、河東碧梧桐も松山出身である。

その翌日。やっぱり道後温泉に寄ってから帰ろうと思い、ホテルを出て路面電車を待つ。松山を旅する楽しみのひとつは、町中を走る路面電車だ。

ほどなく電車がやって来ました。

うわあ。電車一両まるごと、みかん色。先頭に「みかん電車」の丸い看板。ステップを踏んで乗車し、座席に座って、またびっくりする。すべての吊り革に一個ずつ、丸いみかん（本物そっくり）。もぎたい衝動に駆られて困る）。中吊りには、子どもたちのみかんの絵の展示。天井脇の広告も、愛媛のみかんの鮮烈な断面写真がずらり――みかん染め百パーセントに胸がきゅんきゅんする。やりますね、伊予鉄。

「みかん電車」は去年十一月三日（みかんの日！）から運行していた。写真を撮って友だちに送りたい。おずおずとケイタイを取り出したら、隣の席の若い女性の旅人二人連れも「カワイイ。一生乗っていたいね」と何度も繰り返しているから、思わず「私も！」と相づちを打った。

愛媛といえば、やっぱりみかん、いよかん、デコポン。私も子どもの頃から愛媛の温

州みかんを食べてきたのだが、柑橘同士を掛け合わせた新しいのがたくさん登場しているので、覚えるのがけっこうたいへん。初めて「清見」に出会ったときは、みかんとオレンジを交配した品種とはつゆ知らず、こんなまろやかなオレンジがあったのか、と仰天した。その「清見」とアンコールとマーコットを交配したのが濃厚な「せとか」……路面電車に乗りながら、口のなかがきゅうんとした。

後ろ髪を引かれながら、終点の道後温泉で降りた。ちょうど道後温泉本館の外側は修復中で、画家、大竹伸朗によるちぎり絵巨大アートですっぽり覆われている。夏目漱石が見たら、目をぱちくりしただろう。松山中学の英語教師だった夏目金之助がここを訪れたのは、明治二十八年四月九日。おや、いまから百二十七年と四日前じゃないの。漱石は、友人に宛てた手紙に「道後温泉はよほど立派なる建物にて八銭出すと三階に上がり、茶を飲み、菓子を食い……」としたためた。

三階で休憩しながら坊っちゃん団子など食べたかったけれど、改修中なので休業しており、おとなしく霊の湯に浸かる。お土産のみかん石けんは買い忘れた。

# 高知からの便り

家に帰って郵便物を一通ずつ開けていると、大きな封筒のなかから縦長の印刷物が出てきた。

いつもの案内だ。広告の印刷物はたいていチラリと見ただけで終わってしまうけれど、高知県安芸《あき》郡、馬路《うまじ》村農業協同組合からの便りはべつ。

紙面から、馬路村からの声。

「おーい、元気にしちょる?」

指が弾んでパタパタ広げると、長さ一メートル近い横長の紙面にいろんな寿司の写真がでかでか、十三も勢揃いしている。皿ごと丸く切り抜いた多彩な寿司が、華やかな花のようだ。〝柚子酢ができましたよ〟と報せる案内広告なのに、疲れも吹き飛んでにこにこ(思うツボ)。

高知の寿司が大好きだ。とはいえ、その寿司は町の鮨屋にあるわけではない。日曜市とか市場とかスーパーマーケット、道の駅で売っているパック入り数百円。高知のひとは「貧乏寿司」なんて謙遜するけれど、いいえ、とんでもありません。高知の寿司には知恵と遊び心と腕前がぎゅっと詰まっている。

紙面に並ぶ、山間《やまあい》に暮らす馬路村のみなさんの寿司に見入る。

〝一人暮らしのむっちゃん〟の寿司は、卵焼きで巻いた黄色い寿司と海苔巻きの二種類。〝家に宴会小屋がある〟というすみさんの寿司は、巻き寿司と筍寿司。〝子どもや孫が町から帰ってくるとおすしを振舞う〟古田さんの寿司には、まっ赤な帽子みたいに酢漬けのみょうがを被《かぶ》せてある。〝魚のおすしが得意〟なちさとさんの、酢〆のサバ一尾でくるんと寿司飯を包んで切った二切れを眺めながら、強烈ななつかしさを覚えた。十五年ほど前、女三人で高知を旅したとき、市場で買ったサバ寿司を弁当にして土佐くろしお鉄道ごめん・なはり線に乗り、適当な駅で下車して、太平洋を眺めながら食べたっけ。いま思うと、あれが、高知スタイルの魚寿司を食べた初日だった。

馬路村の人口は、二〇二三年時点で八百十九人。高知県の三十四市町村のうち、二番目に人口が少ない小さな村で、周囲を千メートル級の山々に囲まれながら独立独歩を地でゆく。村のあちこちで育つ柚子を特産品として、まず柚子ジュースで大成功を収めたことでも一躍有名になった。

もちろん、私も訪ねたことがある。農協の工場に続々と運び込まれる黄色い柚子の玉が、冬の光を浴びてきらっきら輝いていた。馬路村の旅から帰ってきて以来ずっと、馬路村の柚子を搾った果汁や柚子でつくった化粧品を使い続けているから、年に数度、定期的に農協から製品案内が届くというわけなのだ。

高知では、柚子の果汁を「ゆのす」と呼ぶ。鍋も、寿司も、酢のものも、なんにでも「ゆのす」。味噌汁にちょっと垂らすとさっぱりとしてうまいよ、と柚子農家の方に教えてもらい、隠し味の知恵として大事に引き継いでいる。馬路村で売る「ゆのす」には、有機栽培の柚子を搾った無塩の製品があるので、これも愛用している。そろそろ手持ちがなくなるから、今年も買わなくては。

便りの表に大きく印刷してある三行のコピーを読み返す。

晴れの日は
すしを盛る手の
齢《よわい》もうれし

# とっさのあくまき

急ぎの用があって、娘に電話を掛けた。身内の電話は時候の挨拶も近況のお伺いもすっ飛ばし、単刀直入だからすぐ終わる。その日も三十秒でカタがつき、へんな間ができた。

空白を埋める娘のひと言。

「いま鹿児島にいる」

意外な地名を聞き、とっさに私がおっかぶせた。

「じゃ、あくまき買ってきて」

「あくまき、あくまき……ええと、それなんだっけ。ま、いいや。鹿児島の友だちに訊いてみる。じゃねー」

早々に切れた。

頼まれた物が何なのか確認もしないからいい加減なやつだなと思ったが、その友だちはしっかり者なんだろう。

携帯電話の画面を閉じたら、ついさっき、自分が口走った四文字に驚きが湧いてきた。迷いも考えもせず、秒の勢い。何年も脳裏をよぎったことがなかったのに。脳のシナプスは一体どうなっているのか。

あくまきを知ったのは、初めて鹿児島に旅をしたときだった。確か三十年近く経っている。

「鹿児島で食べてほしいもののひとつが、これなんです」

地元のひとの家を訪ねると、わざわざ用意してくれていたそれは、中身も味も想像がつかない。ごつい孟宗竹の皮で巻いた、長方形の包み。竹紐で三か所、きつく縛ってある。受け取って持つと、ずしっと重い。指で押したら、むにむに～と強い弾力が返ってきた。

「『あく』は灰汁。糯米《もちごめ》を竹皮で包んで、何時間も灰汁でゆでるんです。昔は、端午の節句のときにそれぞれの家でつくっていたんですよ」

開けてみましょう。彼女が言い、三本の竹紐の結び目を解《ほど》いて竹皮を開く。

現れた中身は異様な風体だ。

艶々の飴色に光る棒状の、ねとねとの物体がでえんと鎮座している。羊羹《ようかん》といい勝負だけれど、むっちり感の迫力が違う。

それに、何だろう、この鼻腔をくすぐる硫黄臭に似た匂いは。

無言のままじいっと眺めていたら、

「こうして食べます」

竹皮のはじをピッと裂いて細い紐をつくり、器用に棒の下に入れて交差させ、輪っかにしてねじ切る。すると、むち〜っと抵抗を見せながら、スイッと輪切りになった。断面をまじまじ見ると、縁のあたりに糯米の粒のあとが残っている。

砂糖を混ぜたきなこをかけて食べる。小さなフォークで刺して口に運ぶと、ぷるんととろけ、小さな生きもののようだ。

未体験の匂いの正体は、灰汁だった。クヌギやシイなどの堅木の灰を使い、灰汁によってでんぷんの糊化が促される。しかも、灰汁はアルカリ性だから保存性が高く、日持ちする……南国・鹿児島の知恵に脱帽。糯米が膨らむ力と竹皮が包む力が拮抗し、わざわざ搗《つ》かなくても餅になるという仕組みにもびっくりだ。

鼻に抜ける灰汁の香りにも惹かれ、たちまちやみつき。以来、鹿児島に旅をするときのお土産はかならずあくまきになった。

さて、電話から一週間ほどして、娘と会う機会があった。

「買ってきたよ！　これだよね」

でかした、それそれ。

「友だちに訊いたら、あくまきを買うならあそこがいい、と小さなお店に連れていってくれた。おばあちゃんが、ひとりで細々とつくってるんだって」

娘が続けた。「あくまきって初めて食べたんだけど、それがおばあちゃんからじかに買ったものでよかった、こんな食べものが九州にあるんだ、つくづく郷土料理は深いねえ」

# おきゅうとばい

正体不明だった時期が長かったせいだろう、いまだに名前を聞くだけで耳が喜ぶ。

初めて聞いたのは、福岡出身のKちゃんの口から出たときだった。生まれ育った博多をこよなく愛していて、「OK」の代わりに「よかよ!」。こう言わないと感じが出ない、締まらないと言う。「よかろうもん」「どげんしたと?」「ばり」の細かいニュアンスを教えてくれたのもKちゃんだ。しばらく会っていないけれど、あの気っ風のいい「よかよ!」を思うだけでスカッとする。

さて、その正体不明のものの話。あるとき、Kちゃんが言った。

「こっちに住んでると、何がさみしいって、おきゅうとをどこにも売ってないことよ」

おきゅうと、って何だ。

目を泳がせながら懸命に考える。最初に浮上したのは〝お灸〟で、お灸するのか、シブいな、でもお灸ならどこでも売ってるし、とベタな疑問しか浮かばず、〝お灸〟のあとの〝と〟の意味も依然不明。「おきゅうと」には、取っかかりがひとつもない。

説明を聞いても、よくわからなかった。Kちゃんによれば、「おきゅうと」は海草を固めたぷるぷるの食べもので、これといった味がないという。醬油やおろし生姜《しょうが》、かつおぶし、刻みねぎをかけて、朝ご飯のとき食べるのが博多での習慣だったから、子どもの頃から生活に染みついている。心天《ところてん》に似ているの、と訊くと、「いや全然違うね」。もっとわからない。

博多に行く機会を得たのは、それから何年も経ったあとだった。頭の片隅に棲み続けてきた「おきゅうと」の正体を知る千載一遇のチャンスだから、さっそく地元のひとに尋ねると「なあんだ、そんなこと」という顔をして、近所のスーパーに連れていってくれた。

「これです」と指差された先を見て、またわからなくなる。パックのなかに灰色とも緑色ともつかない三センチ幅の縦ロールが三本並んでいる。なぜわざわざ縦ロール?

その夜。小料理屋のお通しに「おきゅうと」が出てきた。

ついにやってきた対面の瞬間である。小鉢のなかを覗き込むと、半透明の褐色、ぷるぷるの細い短冊が波打っている。隣に生わかめ、きゅうりの塩もみ、辛子風味の酢味噌。箸の先でつまみ上げると、心天よりくにゅーっと粘り強く、こんにゃくよりずっと儚《はかな》い。

とくに味はないけれど、唇や舌に伝わってくるひんやりとした感触が好もしい。女将《おかみ》さんが「ごはんにのせて、おかかをかけて食べたりもしますよ」。きっと、いろんな食べ方があるんだろう。

「おきゅうと」の正体は、エゴ草とイギスだった。天日干しして乾かしてから煮込み、裏ごししたあと、平たく冷やし固める。江戸期の書物に、筑前の産物として載っているというから、長い歴史のある食べものなのだ。調べてみると、語源は「沖から来た〝沖《おき》人《うど》〟が製法を教えたから」「饑饉のとき非常食として命を救った〝救人《きゅうと》〟」など諸説があるらしい。昔は木箱に収めて振り売りし、一本からでも売りやすいように、くるっと並べて売っていた。縦ロールは、行商時代の名残りなのだった。

「おきゅうとばい、おきゅうとばい」と触れ歩く行商の声を、宿に泊まった旅人が「起きるとばい」と呼びかけてくれていると勘違いし、なんて親切な土地なんだと感激したという「土地話」も大好きだ。

福岡に実家がある友人のYちゃんから教えてもらい、大切にしてきた味がある。

小倉のぬか炊き。

北九州・小倉の郷土料理である。

「少しだけど」とジップロックに分け入れたのを手渡され、きょとんとした。これは何だろう。十センチほどの長さの太い棒状三本を、濃い茶色のたれがとろんと覆っている。赤唐辛子の輪切りも見えるけれど、正体がわからない。

「ええとこれ……」

「先週、小倉に行ったのよ。そのとき買った。小倉の旦過《たんが》市場に行くと必ず多めに買ってきてお裾分けするんだけど、あれ？　渡したことなかったっけ、鰯《いわし》のぬか炊き」

ごめんごめん、まだだったのね、と言いながら、「すごくおいしいの。ごはんの友にも最高よ」とYちゃんが念押しした。

太い棒状三本は、鰯三尾。柔らかく煮た鰯全体にまみれているのは、ぬか。そもそも魚をぬかで炊く料理法があるなんて初耳だったから、北九州の未知の味を半信半疑のまま受け取ったのだった。

さっそく翌朝。箸を差し入れただけで鰯の身がほろっと崩れ、びっくりするほど骨まで柔らかい。甘じょっぱいとろとろのぬかといっしょに丸ごと食べるのだが、ごくわずかにまろやかな酸味を感じるのは、乳酸発酵したぬかの風味なんだろう。遠くに山椒や唐辛子の風味も感じられ、私にとって「どまんなかの味」。炊きたての熱いご飯に最高だったが、これを今夜、山廃とか純米酒の肴《さかな》にしてちびちびつまんだらどんなにうまかろうと思うと、喉がごくりと鳴った。とはいえ、ジップロックの中身はもうない。

小倉に縁があるのだろう、それから一年ほど経ち、仕事の都合で旦過市場に寄る機会ができた。全国でも珍しくなった昭和の風情がふんぷんと漂う細長い旦過市場は北九州の台所、小倉の顔でもある。人混みをすり抜け、きょろきょろしながらYちゃんに教えてもらった手製のぬか炊き専門の店を見つけ、念願の鰯のぬか炊き、鯖のぬか炊き、二種類を買った。宅配便で自宅に送る手続きをして代金を払い、再会できてよかったよかった、と胸をなで下ろしたとき、店の奥に置かれた大鍋いっぱいの鰯が扇のように整然と並ぶ茶色の光景が目に飛び込んできた。

ぬか炊きは、江戸時代から小倉城下に伝わってきたという。北九州の周辺の海で獲れる鰯や鯖などの青魚をそれぞれの家のぬか床を使って炊く土地の保存食だから、家の数、台所の数だけ、ぬか炊きの味もあるのだろう。小倉では、親から受け継いだぬかが嫁入り道具のひとつだったと聞くと、郷土料理の味わいがいっそう深くなる。

小倉にもしばらく行ってない、旦過市場もなつかしいな、と思い出したら、急にぬか炊きが恋しくなって、つい先週、宅配便の注文をした。せっかくだから鰯と鯖の二種類、北九州からの配送料は千円以上もかかるけれど、たまの注文だもの。

玄米を炊いて、まず鰯のぬか炊きを堪能した。ひさしぶりの「どまんなかの味」に箸が弾む。二尾ずつ、二度の食卓で味わったあと、残りの鰯一尾を眺めて名残りを惜しみながらふと思いつく。ざっくりほぐして、バターを塗ったバゲットにはさんでサンドイッチはどうかしら。

その後、二〇二二年四月、八月、旦過市場は二度の火災に遭い、多くの店が焼失した。復興と維持のために再整備が進んでいるけれど、小倉を訪ねるたび必ず寄った伝説のバー「しろ」もついに閉じてしまった。

# 瓶ビールとガラス

ごくごくごく……

喉を鳴らして飲む一杯の冷たいビールは、人生の救世主である。

桃源郷をもたらす一杯のために、ビールのコップに情熱を注ぐ人々の物語を始めよう。

東京・湯島。天神下交差点のすぐ近くに、居酒屋「シンスケ」はある。大正十三年（一九二四年）から「正一合の店」として愛され、日本酒と瓶ビール、酒肴を商う。

四代目亭主、矢部直治さんが「ん？」と思い始めたのは一九九〇年代後半、三代目の父から店を引き継ぐ前後だった。当時、ビール会社が競争で生ビールを売り出してブームになり、ネコも杓子も「生ちょうだい」。〝うちは瓶ビールだけなんです〟と応じると、「しょうがねえな、じゃ瓶でいいよ瓶で」。お客のシブい表情が悲しかった、瓶ビールのうまさを全否定された気がして。

しかし、ここでめげる四代目ではない。そもそも江戸期から酒屋を七代、関東大震災で被災したのち居酒屋として再出発した矢部家のネバーギブアップ精神に火がついた。瓶ビール愛を迸《ほとばし》らせた直治さんは、「シュポーン！」の快音とともに抜栓する至芸を習得する。当時私は、この「シュポーン！」は傑作だ、なんて清々しい、と胸のうちで拍手喝采していた。

でも、四代目は悩んでいた。ずっと長年使ってきた、ビール会社のロゴマーク入り業務用ガラスコップのこと。丈夫で長持ち、「用の美」を地でゆく信頼と安定の使いやすさだけれど、果たしてこれを使い続けていいのか？

「理由はいくつかありました。強化ガラスの表面はつるつるなので、泡が立ち過ぎるんです。飲み口が厚いので、口当たりの爽快さが弱い。容量百八十ミリリットル、そこへ小瓶ビール三百三十四ミリリットルを注ぐとなると、泡が立つからコップ二杯半くらいになります。中途半端だから、お客さまが瓶を逆さにして最後の一滴を振って注いだり(笑)。喉のお湿りとしてのビールをもっと気持ちよく飲んでもらえたら、と思うようになりました」

長い旅の始まりだったが、〝コップひとつで瓶ビールのうまさは上がる〟と信じる気持ちに迷いはなかった。

以来、よその店に出掛ければ「水も下さい」と頼んでコップ研究にいそしみ、食器売り場やガラス食器専門店に足を運んで熱心にリサーチしてみたが、「これだ」と納得できるものに出会えない。ピルスナーグラスなどいろんな形状もチェックするうち、確信は深まっていった。

「ビールはコップで飲むのが一番おいしい」

外でも家でも、ビールを飲むときに一番じゃまなのは、へんな構えや緊張感。だから、お洒落なグラスじゃだめなんだ。コップと呼ぶのがしっくりくる普通のやつ——わかる気がした。クイッと喉の奥に放り込むようにして飲むうち、道具としての存在感をスッと消す感覚が、コップには確かにある。

コップが頭から離れない四代目は、考えた。同じコップでも、絶妙に薄く、軽く、ぐびっと飲むとき自然に傾く角度がついているコップ。でも、そんな「絶妙」の塩梅を叶えてくれるコップに、もう十年以上出会えていない。もう自分で作るほかないのか。じゃあ、どうやって。目星をつけたガラス会社に思い切って電話すると、「個人のオーダーは受け付けていません」。

万事休す。

「ところが、なんです。青い鳥はすぐ近くにいたんです」

藁にもすがる思いで京都の知人に相談すると、一軒のガラス店を紹介された。

住所を知って、びっくり。

「おなじ湯島、しかも同じ路地に面している〝ご近所さん〟でした」

その「木村硝子店」は明治四十三年創業、自社デザインのグラスを手がける、食器業界では知らぬ者がいない老舗である。しかし、やっぱり話は簡単には進まなかった。直談判のスタート地点は「NO」。百戦錬磨のグラスづくりのプロ、「木村硝子店」代表の木村武史さんは、居酒屋のあるじが熱く語る理想のコップの直径、高さ、厚み、側面の傾斜度、手取りの軽さ……聞けば聞くほど困惑し、率直に伝えた。

「理想の形の特注品を少量だけ、いまのガラス工場の生産体制のなかで職人が吹くのはむずかしい。無理をしたら、お互い不幸になるよ」

矢部さんは戸惑った。一個ずつ吹くコップだからこそ、伝承技術を生かしてもらえるのではないのか？

ことの流れを聞いた私も同感だった。では、のちに難産のすえ誕生する「シンスケ」のコップは、なぜ実現できたのだろう。その背景は、吹きガラスの現場をじかに見なければたぶんわからない。そんな疑問を木村代表に伝えると、快い返事。

「ぜひ見てください。ご案内しましょう」

江戸川区松江。昭和三十一年創業の「田島硝子」は、江戸硝子の技術を伝承しながら今日に至る。かつて東京には百近いガラス工場があったというが、かろうじて残った三軒ほどのうちのひとつだ。

天井の低い、昔ながらの町工場の風情に昭和の香りがぷんぷんと漂う。家業を継いだ三代目、田嶌大輔さんのあとをついてカンカンと音を鳴らしながら階段を上がると、あっと息を呑《の》む光景が広がっている。

巨大なドーム状の窯。周囲の壁面に開いた数個の四角い口。その内部、坩堝《るつぼ》の奥でめらめらと燃えさかるオレンジ色の炎。窯のまわりで作業する二十数人の男女の職人たち。

「千三百五十度の堝で溶かしたガラス生地を、まず吹き竿に巻き取り、玉にします。その竿を受け取った職人が、上ダネを巻き、金型のなかで息を吹き込んで成形します」

田嶌さんの言葉と目前の光景がなかなか結びつかない。

なぜ、量りもせずに、どろりと溶けたガラス玉の重さがわかるのだろう。

なぜ、竿から息を吹き込みながら、一定の薄さに調節できるのだろう。

訊くと、受け取った竿から伝わる感覚ひとつで十グラム単位の重さの違いを把握し、竿の回し方や吹き方で〝捨て〟をつくるというので、また驚く。そうか、溶けた熱いガラスには直接触れられないから、生理的な感覚や経験が頼りになってくる。

次に、ワイングラスを吹く現場に進む。くにゅうと細く引き伸ばしたガラスの脚を吹きたての本体の中心にまっすぐ付ける光景は、何度見ても手品にしか思えない。この技

法を手でこなす職人は、もう東京には数人しか残っていないという。

「瞬間芸の世界なんです。それも、教わって習得するのではなく、おおもとは自分の経験、蓄積した記憶。集団就職で工場に入った昔の職人さんなんてすごいですよ。日本の吹きガラスは、腕一本で生き抜く職人仕事によって支えられてきました。この厳しさが、いまの時代には受け容れられなくなっています」

吹きガラス工場は消える運命を辿《たど》っているという田嶌さんの言葉が、急にリアルなものとして迫ってきた。吹きガラスは、吹くだけでは生まれない。一瞬の判断や技術を柔らかく溶けたガラスに注ぎ込めるだけの蓄積がなければ生み出せない――現場に立ち会い、つくづく思い知ったことだ。

まっ赤に溶かしたガラスを、竿の先から伝わってくる感覚だけで一個分ずつすくい、その竿を受け取った職人が誤差を調整しながらガラス玉に息を吹き込む。スピード勝負、感覚、経験、技術。吹いたあとは、冷ます、縁を切って焼く、研磨する、洗う、ためつすがめつ検品……緻密な連携プレーによって一個が成立する。

田嶌さんは、祖父が興した吹きガラス工場を継いできた。

「職人の精神状態がそのままガラスに伝わってしまう瞬間芸の世界なんです。数グラムの感覚を自分で微調整する技術がなければ、職人として生き残れません。教えられて習得できる技術ではないですし、うかうかしていたら追い抜かれる。いまでは、この仕事の厳しさを乗り越えられる職人がめっきり減りました」

灼熱の坩堝の前に、十五歳からここで働いているという七十代の老職人が陣取《じんど》ってい る。溶けたガラスをすくう長竿を、使い慣れたキセルみたいに扱う。

「うちのような町工場は、時間の効率、生産ロット数、品質、ロスを出さないなどの条件をどうクリアするか、そこに経営の命運がかかっています。同じ手仕事でも、町工場での仕事は工芸品やアート作品とはまったく違うんですよ」

はっとさせられる言葉だった。

居酒屋の主人、矢部直治さんが思い描く理想のコップは、薄さ一・二ミリ、高さ九十五ミリ、そのほか直径、傾斜角度、手取りの重さまで細かい指定があったはずだ。最初に相談を受けたグラス作りのプロ、木村武史さんが、矢部さんに〝やめておいたほうがいい。無理をしたら、お互い不幸になるよ〟と制した言葉の意味が、朧気《おぼろげ》ながら察せられた。

たぶん、こういうこと――きわめて高度な技術が要求されれば、ベテランの職人でも成功率は下がり、検品基準も上がるからロスの可能性も高くなる。しかも、百単位の小ロット数では、それほどの利益も期待できない。小さな町工場にとって〝理想のコップ〟を引き受けるのは、リスクを負う仕事を意味する。

しかし、二年の試行錯誤ののち二〇一五年、「シンスケ」特注のコップ百二十個が完成した。図面を引き、ディレクションしたのは木村さん率いる「木村硝子店」。そして、託された職人たちは、重さ五グラム内を許容範囲として坩堝のなかからガラス玉を取り、吹き、冷まし、研磨。斜陽と言われて久しい日本の吹きガラス界にあって、荒波をくぐってきた「田島硝子」が底力を発揮してみせたかっこうだ。

「シンスケ」のカウンター。

楚々と立つコップに瓶ビールを注いだ木村さんは、感慨にふけりながら思った。

「矢部さんは、この居酒屋の空間も含めたうえで、自分の情熱や気持ちに正直にコップをつくったんだな」

ぽつぽつと追加注文を重ねながら、「シンスケ」のコップはつくられ続けている。世の中に少しでも職人仕事の価値を伝えられたら、と矢部さんは一般販売も始めた。（※詳細は「正一合の店　シンスケ」ＨＰ shinsuketokyo.com　にくわしい。）

手に持ってスイッと傾ければ、冷たいビールが喉の奥に滑りこむ絶妙の角度や薄さ。とても繊細なのに、不思議なほどの安心感。しかも、飲んでいるうち、ガラスの存在感がふっと消える。

針の穴を通すようにして、三者三様の思いを乗せながら誕生したコップがとてもさり気なく「シンスケ」のカウンターに置かれる。

# チーズを自分でつくる

値上げが止まらない。ＮＨＫのニュースを見ていたら、「四月の食品値上げ五一〇〇品目超」。六月以降に電気料金が大幅値上げされるようだし、嫌ァな気分になる。ニュースを聞きながら、隣で連れ合いが「ついでに年金も値上がりしないかな」と自虐的につぶやいていた。

受け身のまま歯ぎしりするのは癪に障るので、こっちも策を講じたい。むだを減らすのは当然として、自分でつくれるものは出来るだけつくろうと決意する。値上げの内訳の四割は加工食品で、ハムやソーセージ、牛乳やバター、ヨーグルト、チーズ……四月一日出荷分から各社軒並み値上げラッシュ。

よしわかった。

牛乳の錬金術を使います。

自分でクリームチーズやカッテージチーズをつくるのは、コロナ禍で自粛生活が続いてたっぷり時間があったとき、おもしろさ半分で始めた。材料は成分無調整の牛乳と酢（米酢でもりんご酢でも）、あとは鍋と布巾とザルとボウル。ようするに、牛乳と鍋さえあれば、台所に立つだけ。シンプルさに刺激されて試してみたら、拍子抜けするくらい簡単にできた。以来、ときどきつくってはきたけれど、値上げに対抗して、本腰を入れたい。

自衛策その1として、クリームチーズのつくり方を紹介します。あくまでも私のやり方ですが、くわしく書いてみます。

〈夜〉
①牛乳1リットルと塩小さじ1を鍋に入れ、ゆっくり温める。
②沸騰しないよう気をつけながら六十度くらいに温め、酢大さじ3を入れ、ヘラを大きく回しながら均一に混ぜ、乳脂肪分とホエイ（乳清）が分離し始めたら火を止める。
※ゆるく分離したタイミングで火を止めれば、仕上がりはクリーミーに。加熱が進んではっきり分離すると、モロモロのカッテージチーズになる。
③ザルに布巾やキッチンペーパー（不織布）を敷いてボウルの上にのせ、鍋の中身をすべて流し入れる。
④布巾ごとひとまとめにして口を閉じ、ザルに入れて冷蔵庫でひと晩水切りする。

※③ででたホエイはそのままとっておく。
〈翌朝〉
①水切りしたクリームをボウルに入れ、レモン汁小さじ1を加えてヘラで柔らかく練ってまとめ、保存容器に入れて冷やす。
②溜まったホエイと前日のホエイを合わせ、冷蔵庫で保存する。
※ホエイは野菜スープに使ったり、肉のカタマリを煮たり、料理に応用します。
〈後日〉

♪パンやクラッカーに塗り、ジャムや蜂蜜をかける。

♪みじん切りのパセリやディルなどを混ぜ、オリーブオイルをかけてディップソースに。

♪半量ずつに分け、それぞれ粗挽き黒胡椒、粗挽き唐辛子を加えて混ぜて黒と赤バージョンをつくる。


——本当に簡単なんです。温めた牛乳に酢を入れると、みるみる分離する光景は食品の成分の内訳を指差し確認するかのよう。小学校の理科の実験室に戻った気分を味わう。ヨーグルトも、そのままひと晩水切りしただけで濃厚なクリームが出来上がる。

わざわざ買わなくても、チャチャッと自分でつくれば値上げに怯えずにすむ。いくつになっても生活技術を増やすのはウレシイ。

# そうだったのか

いちばん長く馴染んできたスポーツは水泳で、小学校と高校のとき水泳部に入っていた時期もあるから、一キロならたいして疲れもせずに泳ぎ通せる。とはいえ、巧いとか速いというのではまったくない。ただ、身体に負担のない泳ぎ方ができるようになっているだけ。疲れにくいように泳いでいる自覚がある。

料理にも似たところがある。

長年台所に立っていれば、自分がやりやすいように手を動かすようになっている。毎日のことだから、手早く、無駄なく、ストレス軽減。「大丈夫かな」「ま、いっか」。でも、それなりに自分の癖がついているから、星飛雄馬の「大リーグボール養成ギプス」とまではいかなくても、「あ、それはね」と親身に教えてくれる存在はありがたい。科学や物理と隣り合わせになっているのが料理だから、小さなハテナが解決するとタマが打ちやすくなる。

朝日新聞朝刊、毎週金曜日の「ごはんラボ」を楽しみに読んできた。料理家やシェフ、研究者、新聞記者の面々がひとつの料理をめぐって四つに組み、チームとなって調理科学を解説しながら料理の作り方を解きほぐす。わかりやすさと緻密さが同時に成立する内容がありがたく、ずっとスクラップしてきた。ずいぶん切り抜きが溜まったなと思っていたら、つい先日、『調理科学でもっとおいしく　定番料理①』（朝日新聞出版）と題した一冊にまとまった。

表紙にこうある。

「経験や勘に頼らずに、うまくいく理由がわかる」

図星を指されました。自分の癖に頼っていると、ラクなほうに流れるんだぞ、と自分の水泳経験が物語っている。

記者の立ち位置は、つねに読者に寄り添う。

豆もやしのあえものの冒頭。

「モヤシのゆで方に自信をつけませんか」

大事なポイントは、「強火で水からゆで始めること」。十分ほど水にさらすと臭みがとれる、熱いうちに薄く塩をふる、風に当てて熱を取る……簡潔な説明が、すとん、すとんと腑に落ちる。そうか、豆もやしは水からゆでれば、豆と根に火が通るタイミングが合うんだな。脇のコラムに、野菜は「60℃では生より硬くなり加熱を続けても軟らかくならない」。フムフム。失敗を何度も重ねたあげく辿り着くのもいいけれど、根拠がわかれば早道を歩ける。

魚の煮付けを失敗なく仕上げる説明には、一字たりとも余計なものがなく、暗誦したいくらい。煮るときの汁は、

「魚に対して同じ重さの水分、1割のしょうゆとその半量の砂糖。水分は水と酒が半々」

なんと明快な説明だろうか。すぐ試してみると、これさえ押さえておけば魚の煮付けは無敵だなと思ったし、新たな発見もあった。自分が普段つくるとき、魚に対して水の分量がほんの少し多かったみたい。初心者でなくても、チョイと軌道修正できる機会はとてもありがたい。

鶏もも肉のソテー。白菜と豚肉の中華あん。シューマイ。酢れんこん。白菜のオイスターソースあえ。塩ザケとカブの煮込み。鶏そぼろ。ミートソース……全八十六品。上から目線は一切なし、同じ地平に立つチームワークも気持ちいい。

大根を、アルミホイルと皿を使ってフライパンで蒸す方法を教えてもらい（「蒸し大根と豚肉の炒め煮」）、さっそく実践中だ。

# かまたまＬＯＶＥ

数年前、トリビアな〝ＴＫＧ論争〟が流行った。

オレは卵黄だけ。アタシは卵黄と白身をまんべんなくかき混ぜてとろとろにする。いや、ソレをわざわざ飯の奥に埋め、熱いめしを被せる。ボクは、溶き卵をちゃっちゃっと二回しか箸で混ぜない決まりを厳守している……いろいろ。ひゃーっと腰を抜かしたのは、まず白身だけを攪拌してふわふわのメレンゲ状にしたのをめしにのせ、中央に卵黄をそっと置くという男性の主張だ。

卵かけごはん（＝ＴＫＧ）の話です。

味つけの流儀も千差万別で、醤油を三滴だけ垂らす、塩と黒こしょうを振りかける、花がつおをぱらり、白だしをかける、オリーブオイルが合う……それぞれの生活と意見がある。たじたじとなってしまうのは、私が卵かけごはんに対する執着が薄いからなのだろう。そう言うと、卵かけごはん愛好家のみなさんは、こぞって気の毒そうな視線を向けてくる。あの幸福を知らずにオマエは生きているんだなあ。憐憫《れんびん》の情を掛けてもらいながら、「嫌いじゃないんですけどね」なんて、ごにょごにょ言ってごまかす。

卵かけごはんを何十年も食べていない。なくても生活できているので、「まいっか」の連続の結果として。〝卵かけごはんはそれ自体で完結しているので、おかずに合いにくい〟と結論しているのだが、これだって私個人の生活と意見に過ぎない。

でも、「かまたま」なら話は別だ。

ああ、かまたまよ。

「かま」は、「釜あげ」のかま。

「たま」は、卵。

両者が合体してかまたまになると、卵かけごはんならぬ、卵かけ麵になる。熱い麵にまんべんなく卵を絡ませたいので、あらかじめ溶きほぐしておく。麵一本一本にとろりと卵が絡みつくうまさは格別……ここまできて、「あれ?」と思われたことでしょう。

「ようするにカルボナーラ?」

ええまあ。でも、かまたまというラブリーな名前があるから、〝和風カルボナーラ〟とは呼びたくない。

かまたまの麵はうどんがポピュラーだと思うのだが、私が愛好するのはそうめん。

①ゆでたそうめんをざるに揚げる。
②丼のなかの溶き卵と合体する。
③箸を入れ、超高速で混ぜる。
①から③まで、理想の時間は十秒以内。溶き卵にはあらかじめ醬油を二、三滴。黄色いふわふわの温かいひとかたまりが現れたら、七味唐辛子と海苔を振って、するするると啜ります。以前、友だちに教えたら、「翌日すぐつくった」とＬＩＮＥで報告が来た。「テーブルまで持っていく時間さえもったいなく、台所で立ったまま食べた」
意気やよし。〝写真を撮って送ろうと思っていたのに、撮る時間もじゃまだった〟と言うので、同志の絆を感じた。

かまたまそばも、うまい。先日、新橋に用事があったとき、新橋駅前ビル１号館地下一階の立ち食いそば「おくとね」に寄った。大きな扇のように広がる舞茸天そばは名作だけれど、隠れた佳品として「釜玉そば」を挙げたい。刻みねぎ、天かす、だしで味つけした卵、ゆでたてのそば。啜ればたちまち一心同体。するりと消えても、胃袋がほんわりと温かさに包まれ、かまたまの優しさが残る。

# 酔いどれ卵とワイン

気の進まない飲み会に顔を出さなきゃならないとき、出席する前にイッパイ引っかけてから行くんです。

そう教えてくれる友人がいた。宴会も苦手だけれど、いつもスルーするわけにいかないから、あらかじめ何杯か引っかけておき、短い〝ひとり宴会〟を開催するとも言っていた。

「二、三割がた仕上げておくと、よくしたもので、まあまあ楽しくなってくる。その勢いを駆って出掛けると、おっくうな気分も引っ込んでいるという具合です」

じつは、私もときどき使う手である。そのうえで訊いてみた。

このままスルーしちゃおう、とはならないの。

「ご明察！　塩梅がむずかしいんですよ。二、三割がた仕上げておく意味はそこにある。

楽しい気分に持ち込みつつ、でもアタマが七割は冷めていないと、〝もういいや、このまま飲んじゃえ〟となりますから。ハイ、もちろん実証済み」

綱渡りよねえ、と返しながら、私の経験を明かした。

「スッキリ切り上げたいときは、ビールの小瓶がもっとも有効だと思います。長居防止、三割以内も死守。でも、小瓶を置いていない場合もあるので、そういうときはうろたえますが」

いっぽう、自分の家で飲むときは、何割仕上げておくとか時計の針とか、煩わしいくさぐさに一切無縁なところが気持ちいい。

私の場合、うれしいのは、グラス片手に台所に立つ愉しみが手に入ること。いまだに不思議なのだが、私は白ワインを飲んでいるとき、その衝動が訪れる。理由はわからない。というか、理由はどうでもいい。はっと気づいたら冷蔵庫の扉に手を掛けている。

深夜十時過ぎ。しんと静まった台所に移動して取り出したのは、卵。一個、二個、三個、威勢がついて四個、次々にボウルに割り入れ、菜箸で溶きほぐす。おまじないに酒をちょろり、塩をぱらり。

フッ素樹脂加工のフライパンを弱火にかけ、ほどほどに温まるのを待ちながらワインをひと口飲む。

錦糸卵をつくります。

予想もしない展開だが、これが悪くない。

①フライパンを温める。

②溶き卵を薄く注いで広げる。

③ふんわり火が通ったら、まな板の上でひっくり返す。

やたら楽しい。同じ作業を繰り返すうち、最初はいびつだったマルがきれいな満月になっている（酔眼効果）ので、だんだん興が乗ってくる。五枚ほど重ね、粗熱がとれるのを待ちながらワインをひと口。包丁でせん切りにすると、ひさしぶりの錦糸卵が現れる。

特典は、まだある。深夜につくりたてを食べずにすむし（二本くらいつまみますが）、普段は面倒でしかない錦糸卵なのに、ほろ酔い加減のうちにできてしまうマジック感がすごい。その翌朝、熱いご飯のうえに揉み海苔とふわふわの錦糸卵をたっぷりのせると、ものすごいご馳走に感激する。

酔っ払うと、いいことがある。

こんな中国の詩がある。

酔中作

酔後方知楽

弥勝未酔時
動容皆是舞
出語総成詩　（張説）

おおざっぱな意味はこんな具合だ。

〈酔って初めて酒の楽しさがわかる
酔わないときより、すごくいい
からだを動かせば踊りになる
言葉を使えばぜんぶ詩になる〉

いいこと言うなあ。ワイングラス片手の夜、おまけがたっぷりついてくる酔いどれ卵がうれしくて。

# Ⅲ　真冬の白和え

# あてのない湯

布団から出るのがおっくうになると、冬の信号が灯《とも》る。毎朝四時半ごろに目が覚めるのが習慣なのだが、冬はそのまま布団のなかで本を読むことが多い。ぬくぬくと温気に包まれながらページを繰るのは、冬ならではの愉楽。夏なら、さっさと着替えて自然公園まで歩いて恒例のラジオ体操に参加するのに、つい日和《ひよ》ってしまう。

六時半過ぎ。まずカーディガンを羽織って台所に直行し、やかんを火に掛けて湯を沸かす。夏まっさかりは、ただでさえ狭い台所が暑くなるのが嫌だから、火に近づきたくなくて冷たい水を飲んだものだが、やはり毎日の習慣も季節によって動く。ぬくい日向《ひなた》を追いかけて昼寝の場所を移動する犬や猫と同じだな、と思う。

その朝一番に沸かす湯の話である。

湯は多めに沸かす。

起き抜けにぼんやりと飲む煎茶のふたり用二杯分、食後にこれまたぼんやり飲む二番煎じの二杯分。それ以外に、使い道のわからない湯を合わせると、やかん（鉄瓶を使っている）八分目くらいの量。

この〝使い道のわからない湯〟が、意外に役立つ。

味噌汁が少し足りないとき。あるいは、ちょっと濃いめに出来てしまって薄めたいとき。水より、湯のほうが味を損なわずにすむ。目玉焼きをつくるとき、後半に蒸し焼きにしたいからほんの少しの湯が必要だし、焼いたあとはフライパンに湯をほんの少し注いでおけば、汚れ落としの手間もぐんと軽くなる。しゃもじにへばりついた飯つぶは、ちょろりと熱い湯をかけると手早く攻略できる。コンロ周辺の汚れにも熱い湯をたらせば、その場で効率のいい台所掃除……〝使い道のわからない湯〟があればこそ。

こんな湯の使い勝手について、誰かがどこかで薦めていた……と思い出し、本棚の前で数冊のページをめくったら、ようやく判明した。

『吉兆味ばなし』湯木貞一（暮しの手帖社）

花森安治が日本料理店「吉兆」主人、湯木貞一に聞いた話をまとめたもので、料理に向かう心構え、家庭でも役立つさまざまな技術について語り尽くす一冊である。

ページを繰っていると、果たして「むだ湯を用意する」と題した一編が見つかった。

「料理するものは、むだ湯というか、あてのない湯をたえずわかしておくものです」

「あれもしときなさい、これもしなさいといったら、ややっこしくなりますけれどもしガスの火があいていたら、お湯をむだに一杯わかしておく、ということは大事ですね」

「いちいち水から湯にしているのと違って、なにかと便利で、番茶を入れる湯でお燗などということなど、しなくてすむというものです。むだ湯を用意しておいてもらうと、それは料理のはじまりから、最後に皿を洗うまでいるものです」

〝転ばぬ先の杖〟ともいえるし、〝急がば廻れ〟ともいえる。

「あてのない湯」「むだ湯」っていい言葉だ。〝使い道のわからない湯〟がそこにあれば、必要はおのずと顔を出すものですよと湯木貞一は語っている。

# 残念な金木犀

　こんなに金木犀の香りがうらめしい秋はなかった。

　今年は、金木犀の花が二度咲いた。

　小さな橙黄色の十字の花が密集して開花するのは、九月後半から十月下旬にかけて。気温によっては、散ったあと、ふたたび蕾《つぼみ》をつけて咲く年もある。

　道を歩きながら、不意に甘い香りが鼻先を掠《かす》めたとき、ああ金木犀が咲いた、と季節の声を受け取った。風が香りを運んだのは三、四日ほど。いつのまにか香りは消えてしまい、散ったんだな、と思った。

　ちょうど最初の満開が終わった頃、雑誌をぱらぱらめくっていたら、小さなコラムの見出しが目に飛びこんできた。

「金木犀のシロップのつくりかた」

ピンときた。

ずいぶん前、香港に旅をしたとき、瓶詰めの桂花シロップを買って帰ったことがあった。桂花は金木犀の花のこと。極小のガラス瓶のなかでゴールドを帯びた橙色の花と液体がとろりと輝く光景がまぶしい。安っぽいプラスティックの赤いふたの間から、金木犀の気配を凝縮した甘い香りが漏れている。買ったのは漢方専門店で、棚の端に四、五個、大事そうに置いてある様子は宝の小壺のようだった。

なのに、だめにしてしまった。

高さ四センチ、直径三センチほどのお宝を開封するのがもったいなく、しかも透明な橙色があんまり美しかったから、冷蔵庫の扉裏に大事に保存しながら愛でて一年、二年、三年……私は完全にタイミングを失っていた。ことの顚末はご想像の通りで悲しく、しばらく空き瓶を処分できなかった。

そんな苦い記憶を揺り起こしたのが、「金木犀のシロップのつくりかた」という一行だった。急いで読むと、あっけないくらい簡単。採取した花を洗って干し、白ワインと砂糖を煮たなかに入れて少し火を通したあと、煮沸消毒した瓶に注いで保存するだけ。しかも、記事に添えられた写真は、あの香港の小壺にそっくりだ。

あれから秋は十五度以上巡り来て、忘れよう忘れようとしてきた金木犀のシロップなのに、がぜん「自分でつくりたい！」と身を起こす気になった。でも、花は散ったのだから、もう無理だとうなだれたのに、半月後、二度目の金木犀が香ったから驚いた。

今年ほど切羽詰まった思いで金木犀の木を見上げたことはない。

むんむん濃厚な香りをふり撒く木が近所のあちこちにあるのに、どれも見知らぬひとの家に植わっている庭木なのだ。思い余って、玄関のチャイムを鳴らし、頼みごとを伝えようかと何度も迷ったのだが、尻込みしてしまう。そもそも金木犀の香りを好んでいるから植えてあるわけで、その花を〝丼いっぱい下さい〟とは、いくらなんでもあつかましい。

こんなことなら、金木犀の木を庭に植えている友人を聞き回っておくか、あらかじめ目星をつけた家のひとに話を通しておくべきだった。一度目のときいったん諦めたのに、二度目になったら執着心が刺激され、歩いているだけで金木犀の花の房がやたら目に入ってくる。

どうするどうする。気持ちが千々に乱れたまま、三日ほど悶々として過ごしていたら冷たい雨が降り、花は散ってしまった。

# 落ち葉とさつまいも

イチョウの黄色、カエデの赤、何の木かわからない茶の濃淡、色とりどりの落ち葉が路肩に吹き溜まっている。区からの派遣なのだろうか、しゃっ、しゃっ、と路面を鳴らしながら大量の落ち葉を竹箒で掻き集める作業着姿のおじさんに遭遇する日も多い。

落ち葉を集めて焚き火がしたい。内側にさつまいもを仕込んでみたい。あつっ、ほっ、ほっ、手のなかで熱いのを転がしながら皮をむくと、ねっとり金色の繊維が派手な湯気といっしょに顔を現す……想像するだけでたまらない。

いまは、路上での焚き火は御法度だそうだ。火の粉が飛んだら火事のもとになるというわけで、それも当然だと納得している。でも、まだのんきな昭和の時代、それも三十年代に育ったので、焚き火は冬の風物詩だった。歌もよく口ずさんだ。

♪かきねの　かきねの　曲がり角
　たきびだ　たきびだ　落ち葉焚き

童謡「たきび」を作詞した児童文学者、巽聖歌が当時住んでいたのは東京都中野区上高田で、近所に大きなケヤキやムクノキがあったという。その落ち葉を集めて焚き火をする風景をもとにして名曲が生まれたわけで、〝落ち葉焚き〟は日本の冬の当たり前の風景だった。

　こんな歌詞のリフレイン。

♪「あたろうか」「あたろうよ」

　児童文学者が描いた路上のやりとりに情感がこもる。ねえねえ、あそこに焚き火の煙が見えるよ。寒いから手をかざして温かくなりたいね。でも、知らないひとだよ、どうしよう。あたらせてくれるよ、大丈夫。マフラーを巻いた首をすくめながらの声が聞こえてくるかのようだ。

　さらに、もしも。

「あたろうか」「あたろうよ」とおずおずと近づくと、おじさんが焼きいもを木の枝で刺して取り出し、〝ホイ〟と渡してくれたりしたら！　赤い毛糸の手袋の上に一本のせてもらっても、まだ信じられないけれど、毛糸から熱がどんどん伝わってくるから、やっぱり夢じゃない。

じつはこれ、私の話。学校帰りに落ち葉焚きの焼きいもを分けてもらったことが一度だけある。ランドセルをしょったまま路上で食べたことは、母には黙っていた。

いま、落ち葉は世知辛いことになっている。ごみ収集の場合、私の住む区では、〝草や落ち葉は四十五リットルの袋で三つまで無料〟〝ひとりで何袋出したかわかるように記名〟〝剪定した木や枝は直径十センチ以内、長さ五十センチ以内に揃えた枝を、直径三十センチ以内の束にして集積所に出す〟……出すほうも、集めるほうもなかなか大変。でも、落ち葉を無用のごみと考えればそれまでだが、資源と捉えれば有能な堆肥に変わる。掘った地面に落ち葉を厚く重ねて踏み込み、米ぬかを撒いて熟成させるとりっぱな堆肥になるらしい。

そんなこんなを思いながら、二、三日にいっぺん、簡単焼きいもをつくる。アルミホイルで包んだのを魚焼きグリルのなかに放り込むだけ。十分くらいでピーッと鳴るから、スイッチを入れ直す作業を三度くらい気長に繰り返すと、ほくほくの焼きいもが現れるので、かなり満足している。好みは紅はるか。

年々、さつまいもの存在感が増している気がする。

私の記憶によれば、ほんの五年くらい前まで干しいもの支持層は産地限定だった。灰色がかった地味一辺倒の色とばらばらの形は地味というより泥臭く、スイーツなんてい

う お洒落ワードも似合わない。食べるときは手づかみだし、くわえた端っこを食いちぎり、粘っこいのをにちゃにちゃと嚙みしだく。たまに歯と歯のスキマに入り込んで居残るしつこい感じもうっとうしい。とにかく、すっきりしたところが一切ないのが干しいもの世界です。

　そんなわけで、これの愛好者は自分の偏愛を表立って語るのが気恥ずかしく、声を潜めながらこそこそ会話したものだ。

「いいブツが入ったのよ。欲しい？」

　この私も、干しいもが出回る一月頃になるとそわそわし、首を長くして登場を待つ。好みの茨城産が手に入ると、ジップロックに小分けし、同好の士と物々交換するのが長年のお約束だ。

　見た目のよさやセンスともほど遠い、朴訥なところに惹かれる。誰も振り向かなくても、私たちだけはわかっているよ、と肩入れしてきた。

　ところが、近年信じがたいことが起こっている。若い女性を中心に干しいもも人気が急上昇。「ヘルシーだし、甘くて最高」だそう。高級スーパーやデパートにも並ぶようになり、隔世の感がある。ファッション雑誌の動画で、某有名歌手が「バッグのなかに干しいもが欠かせません」と発言しているのを見て、えッ、と身を起こしたのだが、そのバッグが泣く子も黙る超高級ブランドだったので、衝撃を受けた。まさかバーキンに干しいもが入る日が来るなんて！

品種のバリエーションや気を引くネーミングが増えたことが功を奏したのだと思う。かつて、さつまいもといえば、ずんぐり大きく、ほくほくした昔ながらの紅あずまが中心だった。ところが最近は、しっとり系のなると金時、クイックスイート、里むすめ、甘姫、名前もいろいろ。ねっとり系は紅はるか、安納芋、シルクスイートなど。ほくほく系にしても、しろほろり、パープルスイートロード……百花繚乱状態。名前しか知らないさつまいもがたくさんある。シルクスイートに出会ったときは（軽トラの焼きいも屋の荷台で売っていた）、しとしとの黄色いクリームみたいな焼き上がりに衝撃を受けた。地味だの泥臭いだの言っているうちに、さつまいもの身辺には劇的な進化が訪れていた。いや、まだその途中かもしれないが。

存在感に背中を押され、かねてから気になっていた案件に乗り出したのは、二月最終週だった。しだいに風が温かくなってゆくので、やるなら今しかない。

干しいもを作ってみたかった。スライスしたのを蒸し、それを並べて天日で干すだけ（と、八百屋のおじさんに聞いた）。空気が乾燥しているときでなければ、いもがカビてしまうからタイムリミットぎりぎり。

結論だけ言います。

失敗した。あと一日乾かそう、もう一日……と逡巡しているうち、ガチガチに干上がってしまった。でも、焙《あぶ》った熱い一枚を噛みしだくと、あの甘さが顔をのぞかせ、挽回してくる。あいそがなくても、愛嬌があるのだ干しいもは。

# 寒空のうどん

うかうかしていたら師走。

ただでさえ狐につままれた気分なのに、いきなりジングルベルが頭上から降ってきて、あせる。

ひさしぶりに池袋に来た。観たかった芝居のチケットを握って池袋駅で降りたのだが、開場まで一時間以上も余裕があるので、駅直結の西武池袋本店に吸い込まれた。午後四時半過ぎ、平日なのに、かなりの混雑ぶり。

ずいぶん早く池袋に着いたのには理由があった。

まっすぐ行きたい、屋上へ。

デパートの屋上が好きだ。買い物のあと息抜きに寄ることもあるし、全フロアをすっ飛ばし、エレベーターで直行することもある。緑の庭が造ってあったり、ベンチや椅子も置いてあるので、ちょっとした解放区。青天井の気持ちよさは屋上ならではだし、フェンス越しに見晴るかす風景にもスカッとする。ひとときのなごみのためのすべてが、デパートの屋上には用意されている。

西武池袋本店の屋上には、知るひとぞ知る、知らないひとはまったく知らない魅惑の存在がある。

うどん「讃岐　かるかや」。

屋上のかたすみにポソッと佇《たたず》む露店のような地味な店だから、見逃すのも当然なのだが、侮ってはいけない。昭和四十三年（一九六八年）、つまり西武池袋本店の屋上で五十数年間、不動の定位置を守って今日まで。わざと不揃いに打つ野太いうどん、朝からだしを引いて当日分を仕込むつゆ、いずれも「かるかや」手製で、親子三代に亘って通うお客も多く、名実ともに池袋東口の顔だ。

「行ってごらん」と教えると、たいていみんなが言う。

「びっくりした」

「癖になる」

細いのあり、太いのあり、いまどき珍しい緩急のついた不揃いの手打ちうどん。世間では、とかくツルツルピカピカの一糸乱れぬ美人さんが持て囃《はや》されているが、「かるかや」のうどんは開店当時から初代店主が生地を足で踏み、熟成させ、麺棒でのし、包丁でトントン切ってつくってきた。その流儀を、二代目の家族が継承する（地下一階に「かるかや」の麺の売店があり、そこで切ったのを屋上に運んで釜ゆでしている）。

あの味が恋しくなると、目を閉じて「かるかや」と唱えれば即座にラブリーなうどんが脳裏に登場するのだが、今日はひさしぶりの実物だと思うと、気が急いた。屋上に出て一直線に「かるかや」を目指し、窓口で四百五十円を渡して「きつねうどん下さい」。本当は名作「つけうどん」にしたかったけれど、それ以上に温もりたかった。

お膳を持ち運んで近場のテーブルに置き、私も屋上のひとびとの仲間入りをする。ここは、たぶん都内のデパートで一番広い屋上だろう。ミーティング中の学生、読書中、電話中、ぼんやり中の男性、脇目も振らずパソコンに集中する女性、勝手気ままな時間を受け入れるのはみんなの頭上に平等に広がる冬の青空だ。

池袋サンシャインシティを眺めながら、ズビズビとうどんを啜る。箸で持ち上げると、ずしっと重く、粉の風味がダイレクトに伝わってくるうどんは今日も健在だ。

すっかり身も心も温まって、西口の東京芸術劇場に向かった。観たのは、二兎社「鷗外の怪談」（永井愛・作、演出）。観潮楼《かんちょうろう》の一室を舞台に森鷗外の懊悩《おうのう》を描く芝居だ。

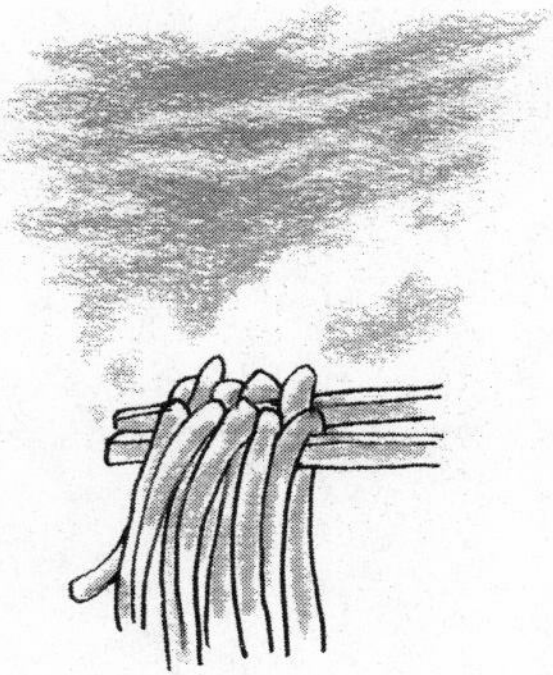

# 真冬の白和え

若い頃はたいしてそそられなかったのに、年齢を重ねるにつれて気になる味がある。とくに主張したり目立ったりしない、小さな料理のことが多い。ひょいっと頭をもたげて波間にぷかぷか浮かぶラッコみたいに、いったん目が合ったら、すーっと入り込んでくる、そんな味。

私にとってのそれは白和えである。いつもぷかぷか頭のすみに浮かんでいるので、思い立ったら白和え、困ったら白和え、なにはなくとも白和え。しかも、冬場になると、がぜん白和え度が上がる。

白和えは、ひとそれぞれのつくり方があるだろうけれど、私の場合は、手間も時間も省いたショートカット版だ。

〈白和えの衣〉

①木綿豆腐をざっくり割り、ザルに入れて、皿を数枚のせて水切り。
②ボウルに入れ、ゴムべらで潰して練り混ぜ、なめらかにする。
③すりごま（練りごまのときもある）、みりん、塩を加えて混ぜ、もったり仕上げる。
豆腐を水切りする十五分か二十分を除けば、あっというま。「えっ、豆腐を裏ごしするんじゃないの？」と言う方もいらっしゃるかもしれないが、いえいえ、割烹の厨房じゃないし、ショートカット版だから手間も時間も最小限にしたいし、味に遜色はない（きっぱり）。ゴムべらをぐるんぐるんと回して混ぜれば、たちまち豆腐はなめらかな衣になる。さっぱりとした風味にしたいときは、酢を少し。こくを出したければ、味噌を混ぜたりもする。いったん潰してしまえば、豆腐は〝デキるペースト〟に早変わり。買った一丁を持て余しそうだなと思うと、ちょっと先まわりして和え衣をつくり、容器に保存しておく。

今日は、なにを和えましょう。

冬場になると白和え度が上がると書いたけれど、じつは、最初にスタートを切るのは柿の白和えなんです。

柿が出回ると、白和えをつくる。そういうことになっている。ラッコがじーっとこちらを見ている。

柿を小ぶりの角切りか乱切りにして、さっきの白和えの衣と和える。この冬、最初につくったときは買い置きのクルミがあったので、適当にざくざく砕いて混ぜた。松の実でもよかったかもしれない。柿の白和えのときは、歯にプチッと当たる木の実がとても合う。森の親戚だからだろうか。

柿の次は、小松菜。ほうれんそう。芹《せり》。緑の葉っぱをさっとゆでて搾り、白和えの衣と和えるだけ。衣とはよく言ったもので、葉ものをとろりと包む白は、まさに絹衣をまとうかのようだ。

白和えは、とくに目立つところのない地味な料理だけれど、皿の上の景色には特別な情緒がある。柿の白和えはその筆頭格で、まったりとした白と鮮烈な柿色のコントラストはいつまでも愛でていたい。

以前、精進料理をいただいたとき、こんにゃくの白和えがほんの少し出たことがある。このときも、じっと眺めて飽きなかった。白い衣をまとった灰色のこんにゃくがとても艶《なま》めかしく、不意を突かれてどきどきしてしまった。

そんな白和えの密やかな変幻自在ぶりに、若い頃には気づいてなかった。

# 私の棚卸し

　ときどき耳にする「棚卸し」とは何だろうと思っていた。

「このあと棚卸しなのよ、うんざりだなあ」とか「明日は、徹夜覚悟で棚卸し」などと会社や店舗勤めの友人知人から聞くことがあり、ずいぶん大変そうな口ぶりだから、のんきに「ソレナニ」とも訊きにくい。棚に収めてある品物を定期的に点検する作業なのかな、とぼんやり想像していた。

　気になって調べてみたんです。

　とある企業経営関係のｗｅｂサイトに、こんな説明があった（粗い要約。しかもごく一部）。

〈倉庫内に在庫がどのくらい残っているのか、数量を調べる作業を指す。数の調査だけでなく、在庫商品の品質を評価し、価値を算出する。企業の財務経理の管理において、

正確に利益を把握するために必要不可欠な作業である〉

いやあ、本当に大変じゃないですか。不良在庫（悲しい言葉だ）を洗い出し、在庫の数量と帳簿上の数字を突き合わせて、洩《も》れやミスの修正も必須らしい。〝売れてるからどんどん持ってけ泥棒！〟みたいなザツな商売をやっていたら、たちまち船は沈没する。なぜ突然「棚卸し」が気になったかといえば、十一月に入ってしまったから。

（えっ、残り二か月だけ⁉）

ものすごく焦ってしまい、にわかに冷蔵庫、冷凍庫、乾物棚が気になってきた。もちろん、このままではマズイという確信と恐怖があるからです。

去年は、十二月に入ったあたりで食品の在庫整理をスタートさせた。自分にしては殊勝な態度だと思いながら、日々着々……という目算は甘かった。あたふたしているうちに師走はさっさと過ぎ去り、タイムオーバー。夢のリフレッシュ計画は、あえなく頓挫した。

そこで！

反省と学習を生かし、今年は十一月から。

「在庫整理」の厳しい目になって冷蔵庫のなかを覗きこむ。

奥のほうから次々に発見される昆布の佃煮、にんにくの梅肉漬け、らっきょうを漬けた液、赤紫蘇、辛味噌、ほやの塩辛、レモンの皮の塩漬け……どれもこれも自分でつくったものばかりだが、よくいえば「大事にし過ぎた」。はっきり言えば「先送りにし過ぎた」。レモン関係は、無農薬のレモンを入手したから大量にミキサーにかけてペーストにした、一年半前の話だ……なんて、さまざま思い出す。書棚の整理を始めると、「あ、ここにこんな本が」とうっかり読み始めていっこうに片づかないことがありますが、それといっしょ。どれどれ、まだイケるはず、と味見を始めると、もう埒《らち》が明かない。

　でも、気持ちに余裕（のようなもの）があるのが、十一月のいいところ。今日はこれ、明日はあれ、指差し確認しながら点検に精出す。着実に在庫を減らすための方法として、「今日は必ずコレを消費する」と決めると、かなり効果が上がる。

　昨日は、冷凍保存中の鶏スープを三包み、思い切って全部使い、大鍋で根野菜の汁を煮た。前夜、寝る前に冷凍庫から鶏スープを取り出して解凍し、使わなきゃならない状況に自分を追い込んで、ささやかな棚卸し。

　十二月に入ってしまった。

　私にしてはかなりがんばった。まず取り組んだのは冷凍庫で、鶏のだしとかホワイトソースとかミートソースとか、小分けにして薄い本みたいに立ててあるから庫内の見通しはいいのだが、ホワイトソースなんてめったにつくらないから、お宝状態のまま三か月経過。少量のミートソースはかえって使いにくく、放置状態。いちいち理由は探せても、結局は言い訳でしかない。「アレがあるから大丈夫」という大船に乗った気分が一転、命取りになるのも冷凍庫である。六月に大量に炊いて冷凍保存したちりめん山椒も余り気味だし、見通しの甘さにがっくり……「棚卸し」はホント、タフな精神力を要求されますね。

当初のイメージ映像にはほど遠いとはいえ、まあまあそれなりに片づいていった。気を引き締め、さらに邁進。

十二月、新たに取り組んだのが「だし関係」である。とりわけ、かつおぶし。保存中に空気に触れると、削りぶしは、どうしても酸化が進む。日が経つと、ほんのり酸っぱい匂いに変わり始めるのは、酸化という劣化のしるし。棚卸しの目的のひとつは「不良在庫の洗い出し」なのだから、不良の手前で救っておきたい。

さっそく、かつおぶしの消費に努めた。私の場合、かつおぶしが残りがちになるのは、いりこか昆布を使うことが多いからなのだが、こうなったら手づかみでばっさばっさと鍋に放り込み、毎日どっさり使う。贅沢な味噌汁だな、と思うのだが、いま気にしなくちゃならないのはソコではない。

だしを引いたあとのかつおぶしを眺めながら、思った。

(むだには出来ない)

物価高騰の折り、「節約」の二文字が身に染みる。生かせるものを、むざむざ捨てるわけにはいかない。

　野望が頭をもたげた。

（このかつおぶしでご飯の友をつくろう）

だしを引いたあとのかつおぶしをぎゅっと搾り、指で細かく裂いたのを小鍋に入れ、醤油、酒、砂糖を加えてからっと煎りつけると、いとも簡単にふりかけが出来るんです。わかっちゃいても、いちいちそこまでやっちゃいられないのも本音。とはいえ、こんなに毎日たくさんの〝原料〟が産出されるわけだし、節約は大事だし。

　ええもう、つくりました。録画番組を観ながら、数日分のもしゃもしゃを細く裂くのもおもしろく、「無駄にしない自分」にも満足感を覚えつつ、ついつい興が乗った。おにぎりに混ぜたり、湯豆腐にのせたり、かつおぶしの貢献度はすごい。

　あれ？　なんかヘンだ。

　台所の棚卸しに励んでいるのに、あらたな保存食品を自分でつくっている矛盾。十二月早々、いきなりつまずく。

# フィンランドの話

フィンランドを旅したとき、サウナの虜になった。それまで日本スタイルの高温ドライサウナしか知らなかったから、〈温→冷→外気浴〉を何度か繰り返すうち、極楽にたゆたうことに衝撃を受けた。

〝フィンランド式〟を名乗る条件は、おのおの見解の分かれるところだろうけれど、とりあえず〈サウナにロウリュ機能がある〉〈冷水浴ができる〉〈外気浴ができる〉、この三つを備えていることだろうか。「ロウリュ」とは、高温で熱したサウナストーンに水をかけ、湿度を上げること。柄杓《ひしやく》で水をかけるセルフロウリュがフィンランドでは古くからのやり方だけれど、よく行く地元のサウナは、十五分ごとに自動的に水がかかるオートロウリュのシステム。そういえば、ヘルシンキのスポーツジムでも同じオートシステムが導入されていた。

たっぷり汗をかいたら、つぎは冷水浴に進みます。冷えひえの十五度の水を満たしたひとり用のタブに、足先からそーっと三センチずつ身を沈めてゆく。ぶるっとくるのは最初の十五秒だけ、このあと確実に訪れるぶっ飛び快感を脳が覚えている。

今度は、タオル地のポンチョを着て、すぐ脇の屋外に出ます。アウトドア用のチェアに横たわると、真冬なのに風がほんのり柔らかく、視界を占めるのは青空だけ。ときどき鳥が連れ立って飛んでゆく。目を閉じると、すぐ近所を走る中央線の電車の音が定期的に耳に届くけれど、音楽みたいに聞こえるのはなぜだろう。

……このワンセットを二〜三回繰り返すうち、「サ道」方面で言われる「ととのう」状態がやってくるのだが、自分が本当に「ととのっている」のかどうか自信はない。ただ、ヘルシンキやオウルで味わった心地には通じている。

渋谷のＢｕｎｋａｍｕｒａザ・ミュージアムで開催中の「ザ・フィンランドデザイン展」を見ると、フィンランドで生まれたデザインの源が国土の自然であることがよくわかる。ガラス工芸、陶磁器、テキスタイル、大量生産の椅子のフォルムにいたるまで、シンプルなのに有機的、自然の息吹が精霊みたいに宿っている。フィンランドのシンボルでもあるサウナが〈温→冷→外気浴〉、つまり三位一体でなければならない理由も、ここにある。冷水浴は国土のあちこちに広がる湖、外気浴は森林……というのが私の理解なのだが、フィンランドサウナアンバサダー、草彅洋平さん（一大労作『日本サウナ史』

の著者）にそう話したら、力強く「その通り！」と肯《うなず》いてくださった。

　はるか遠く中央線の街のビルの四階でも、それなりの爽快感と想像力をかきたてるフィンランドという国がすごいという話である。

　ベルリン中央駅のひとつ先、Bellevue駅で降りて、シュプレー川方面に歩きながらきょろきょろしていると、橋の近くに目指す店が見つかった。

Konditorei G. Buchwald
コンディトライはケーキ屋、店名「ブーフヴァルト」。たしか三階建て、白い外壁に書かれた赤い字がクラシックな雰囲気を醸している。庭木のあいだを歩き進み、階段を上って木の扉を押した。

　ベルリンに滞在する一週間のうち、一度はバウムクーヘンと対面したかった。知人に教えを請うと、『『ブーフヴァルト』なら行きやすいし、ほかにいろんなケーキもある、それに奥の小部屋がテーブル席になっていて、時間の止まったような静かな雰囲気で落ち着きますよ」。

　バウムクーヘンは、それがドイツ語（バウムは木、クーヘンはケーキ）だと知る前から身近な存在だった。ドイツ生まれだとはまったく知らず、最初は結婚式の引き出物と

して出会った。親が結婚式に招かれると、いただいてきた手提げ袋のなかに、お頭付きの鯛と赤飯の折詰、丸い化粧缶の引き出物が入っていることがあった。鯛と赤飯はそっちのけで丸缶を開けると、穴の空いた太い輪っかの焼き菓子。もう高校生になっていたから一九七〇年代だったと思う。幾重にも重なる年輪模様は、弥栄《いやさか》を寿《ことほ》ぐ日本人の気質にぴたりときたのだろうか。

ユーハイムという名前を知るのも（包装紙にカタカナが書いてあった）同じ頃だったけれど、そのカール・ユーハイムが、一九一五年に大阪俘虜収容所へ収容され、数奇な運命のもと、日本にバウムクーヘンを根づかせたドイツ人菓子職人の名前だとは知るよしもなかった。

キツネ色の大きな輪っかに包丁を入れると、断面に年輪模様が現れる光景にも惹かれた。包丁で小さく切って食べると、引き締まった生地が口のなかの水分を一気にさらうので、喉が詰まり、あわてて胸を叩いたり。派手さは一ミリもないのに、みっちりと食べ応えがあるのも好きだった。

あの頃と較《くら》べると、いま日本でポピュラーなバウムクーヘンの生地がしっとり濡れてふわふわ柔らかいのは、日本での変容なのだろう。トマト風味のスパゲッティがナポリタンになったように、ポークカツレツがとんかつになったように。コンビニの棚やコーヒーチェーンのレジ脇に食べ切りサイズのバウムクーヘンが置いてあるけれど、パウンドケーキみたいに柔らかい。

とまあ、そんなわけで、せっかくベルリンに来たのだから本家本元を拝みたくなり、旅の終わりになってようやく「ブーフヴァルト」探訪を果たした。

扉を開けるとすぐ、多彩なケーキの並ぶショーケース。ひとつずつ順番に見てゆくと、風車のハネみたいに大皿に盛られたバウムクーヘンの半月スライスが見つかった。さらに観察すると、チョコレートでかっちりとコーティングしたバウムクーヘンもあるので、かなり興奮する。チョコレートのコーティング版があるなんて！

白いクロスの掛かったテーブル席につき、コーヒーとチョコレートバージョンを注文した。フォークを差し込むと、引き締まって無骨。ドイツで「菓子の王」と呼ばれるバウムクーヘンの深みを垣間見た。

# おでんの「でん」

「あたし、ちくわぶが好きなのよ。でも、そう言うと、結構な頻度でバカにされるのよね」

友人のR子が憤慨している。

「こないだなんか、〝意味がわからない食品の最高峰。存在理由が不明〟と断言されて、ちょっと待て、そこまで言われる筋合いはない、と売り言葉に買い言葉」

おでんの話をしていた。こう冷え込むと、やっぱりおでんだよね、温まるよね、なんて話になったときのこと。東京の下町育ちの彼女は、寒波が襲来すると、亡母が仕込んでくれた大鍋いっぱいのおでんが恋しくなると言い、鍋の隅にあったちくわぶに箸を伸ばすのが楽しみだった、と話に熱がこもる。

ちくわぶは強力粉をこねてゆでた練り物で、ちくわの形に似ている。うにゅー、もちもちと粘りがあり、すいとんでもなく、ちくわでもなく、生麩でもない。みずから名乗っているのに「ちくわ」にも「麩」にも遠いところがいかにも中途半端だし、これといって味も色もなく、正体が薄い……説明もうにゃうにゃしてすみません。

おでん種にちくわぶを使うのは東京や埼玉、神奈川、千葉あたりだから、ちくわぶに遭遇して「？」と思うのはそれ以外の土地に育ったひとということになる。R子が憤慨した相手も関西育ちだったらしい。私も、初めてちくわぶに遭遇したとき「存在理由が不明」と首をかしげたクチだから、悲しいすれ違いはよくわかる。その後、東京に暮らして馴染んでいきながら、自分なりの落としどころを見つけた。

■穴も空いていて、全方位からだしを吸う
■もちもち感が楽しい
■腹持ちがよく、満腹感がある

私なりのポジティブな意見です。

おでんの話をし始めると、存外長くなる。

そもそもおでんは「御田」だった。豆腐やこんにゃく、なすなどを焼いたり煮たりして、甘い風味の味噌を塗って食べる焼き田楽や煮込み田楽がおおもとで、江戸期、煮込み田楽をおでんと呼ぶようになった。「お」は、丁寧な女房言葉。千葉の銚子で醤油が生産されるようになると、かつおだし、醤油やみりんで煮込むおでんが関東一円に広がってゆく。関西、とくに大阪近辺でおでんが「関東煮」と呼ばれるのは、田楽料理と区別するためだった（諸説あるのだが、私は〝田楽料理との区別説〟に一票）。

関東煮、つまり、かんとだき。織田作之助の小説『夫婦善哉』にも、うまいものに目がない主人公の柳吉の好みのひとつとして「法善寺境内『正弁丹吾亭』の関東煮」が挙がっている。関東煮のだし汁は透明に近い昆布だしが主流なのだが、種にもやっぱり土地の流儀がある。

大阪の友だちに「関東煮にはコレがないと」と思うものは何か、訊いてみた。

「そやなあ、絶対欲しいのはたこ、ごぼ天、牛スジやね。贅沢やけど、鯨のコロとかサエズリもあったら最高。これはあたしの推理なんやけど、牛スジはコロの代わりかもしれへんな」

牛スジとごぼ天は歓迎するけれど、私は（たこはなくてもいいな）と胸のうちでつぶやき、訊いてみるもんだな、と思った。おでんは深い。

いい機会だから、「ちくわぶ、知ってる？」と訊いてみたのである。そうしたら、「なんやの、それ。見たことも聞いたこともないわ」とにべもなかった。

# ふぐの秘密

しばらく、ふぐを食べていない。ちょっとさみしい。

そもそもひと冬にそう何度も対面するものではなく、私にとって、ふぐは「思いもうけて」食べるもの。いよいよ冷えこんで日ごとに寒さが募る頃、「ふぐでも食べようか」と示し合わせた三、四人が約束の夕刻に目当ての店の暖簾をくぐる、というのが最高の筋書きだ。値の張る高級な店などではなく、小さな暖簾が掛かっていて、がらがらと音を鳴らして木の引き戸を開けて入る仕舞《しも》た屋風の店がうれしい。場所はやっぱり浅草あたり。うってつけの舞台を自分でしつらえ、電話を一本掛けて席を用意したうえで指折り数えて待つ、そんな愉しみを教えてくれたのもふぐである。

初めてふぐを食べたのは浅草だった。年長の仕事仲間が「いい店があるから教えてあげる」「なにを食べるか、当日までナイショね」と言うので、おとなしく従って当日を待った。

浅草の観音様の前で二十代から四十代の女四人が待ち合わせ、道案内の先輩のあとをついてゆく。二十六の私は、尻について歩いた。

「ここ」

四人揃って立ち止まった小さな家屋の軒先に、藍の暖簾が下がっている。白く染め抜いた店の名前の隣に、小さな字で「ふく」。あっと思った。そうか、「当日までナイショね」と念押ししていたのは、ふぐだから――。

その夜の光景を忘れない。

初めてのふぐ刺し。

初めてのてっちり。

何十年経っても記憶がきらきらしているのは、それだけ衝撃が大きかったからなのだろう。満開の菊の花さながら、尺皿の縁まで一杯に広がる刺身を二、三枚まとめて箸ですくってこりこりと嚙むと、上品なのか下品なのか線引きのわからない味に戸惑ったし、鍋のなかで白菜といっしょに煮える骨付きの切り身は、淡白なのに獰猛《どうもう》な気配もある。魚なんだろうか、何かの動物じゃないだろうか。とにかく、ふぐは正体がつかめないのだった。

ところが、いっぺんで納得したものがある。

ひれ酒だった。

こんがり焼いたふぐのひれを燗酒のなかに入れ、しゅっと擦ったマッチの火を燗酒を注いだ厚手のグラスの表面に近づける。ぼっと点《とも》る青い火。ほどなく炎が収まると、嗅いだことのない香ばしい匂いがゆらゆらと立ち昇り、猛然と鼻腔をくすぐってきて……見たことのない光景の連続にどぎまぎする。

なにが起こるんだろう。

動揺を押し隠して熱いグラスの端をつまみ、口をつけてちゅっと吸って驚いた。だしを仕込んだような激しいうまみ、とろんと濃さを増してゆく琥珀色が怪しい。でも、まわりの先輩たちが平然とした顔で「おいしいわねえ」とうなずいているので、ここは反応する場面じゃないんだなと察し、黙って飲んだ。あっというまに身体が温まった。

初めてのふぐ刺しとてっちりは、わかったような、わからないような。しかし、その夜もっともわかりやすい衝撃を受けたのがひれ酒だったということは、口に出せない自分だけの秘密だった。

河豚指南鰭酒指南かたじけな　　小澤實

# 質屋と暖簾

街から消えかかっているものを挙げれば、切りがないご時世だ。エンターテインメント系のスーパー銭湯がブームだけれど、生活に直結した昔ながらの銭湯は激減してしまった。

銭湯と足並みを揃えて影が薄いのが、質屋である。質屋通いをしながら一家を支える女将さんとか、遊ぶ金欲しさに嬶《かかあ》の着物をこっそり質屋に持ちこむ宿六とか、落語によく登場するから、その役割は理解しているつもり。でも、入ったことはまだない。

めったに見なくなった質屋だけれど、たまに遭遇すると、よくぞ生き残ってくれて、と立ち止まって拍手を送りたい衝動に駆られる。数年前、大阪で通り掛かった某質屋の軒先に社交ダンスのまっ赤なドレスとタキシードがコンビで陳列してあるのを目撃したときは、もうそれだけで三十分ドラマを妄想した気分に。

初めて質屋の存在を知ったのは、大学生の頃だった。ときどき通り抜ける路地に見慣れぬ佇まいの一軒があり、ショーケースというのにはずいぶん立派な陳列棚が張り出している。ごちゃごちゃと大小のモノが陳列してある奇妙な光景が気になって、覗き込んでみた。指輪。腕時計。ネックレス。いろんな貴金属類が並んでいるかと思えば、ワニ革ベルト、キツネの襟巻き、ボストンバッグ、レコードプレーヤー、小型ラジオ、使い古しの野球のグラブ、釣り竿と毛針、壺、切手の蒐集ブック……謎は深まるばかり。

しばらくして、陳列されているのは「質流れ品」だと知るようになり、世間の荒波に触れた心地がしたものだ。見るからに使いこんだ野球のグラブは、誰がどんな事情で質に入れたのだろう。そもそも、あれはいくらになったのだろう。引き取り手がなければ行く末は……もう気になって、気になって。艶のいいキツネの襟巻きなんか、物語が多すぎて、勝手にぞくぞくする。

さらに情感を高めるのは、脇の狭い通路に小さな白い暖簾が掛かっている風景だ。切れ目の中央、マルのなかに「質」の一文字。入り口なんだろうか。

質屋の暖簾は、物語の扉なのかもしれない。ところどころ自然に破れていたり、糸がほつれて穴が空いていたり、風雪に晒《さら》され、歳月が積み重なった情感がやたらシブい。

街なかの暖簾には、いつも気を引かれる。屋号や商号を表したり、風よけ、日よけ、外からの目隠し、営業中のアピール……たくさんの機能がある。楽屋の入り口に掛ける暖簾は結界のしるしだというし、温泉の入り口にだらんと掛かっている大きな暖簾には、なんとなく守られている気がして安心したり。暖簾という布が空間に与える作用の大きさには、あらためて驚かされる。また、商家に粗相があった場合など「暖簾に傷がつく」なんて言うし、商いを止めるときは「暖簾を畳む」。日本の暮らしと暖簾の関係はとても濃い。

ときどき、そば屋とか定食屋に掛かっている丈の短い半暖簾のうちの一部が、あらかじめ半分めくられて上がっていることがあるでしょう。あの風景がとても好きだ。

さあお入りください。どうぞ、どうぞ。

めくられた暖簾が手招きしながら、気安く呼びかけてくる。

静かに下がっているように思われて、暖簾はとても雄弁だ。質屋に掛かっている暖簾、あれは出入りするお客の顔を見えにくくする気遣いなんですって。

# 私のお屠蘇

年末年始ずっと、紅白の小さな紙包みが放つ芳しい香りにうっとりしていた。

中身は屠蘇散《とそさん》。

正式名、屠蘇延命散。

年の始めのお屠蘇に用いるもので、これを大みそかに清酒やみりんに浸しておき、元旦に飲んで新年を寿ぐ……というのが、古くから伝承されてきた日本の慣わし。

でも、私の深謀遠慮はべつのところにありまして……。

半世紀以上も前の、屠蘇散のうっすらとした記憶がある。母に見せてもらった三角の小さな薬包紙。「この中身をお酒に入れて、おとそをつくる」と聞いても意味がわからず、元旦に「おめでとうございます」と唱和したあとで「おとそ」を舐《な》めると（妹と私に、ふつうのお猪口に三ミリほど入れてくれた）、やたら甘い薬みたいで驚いた。いま思えば、みりんも入っていたのだろう。ただ、その儀式はなぜか消え、元旦はふつうの日本酒に切り替わって、父は徳利を傾けていた。そんなわけで、長らく屠蘇散には縁がないままだった。

ところが去年十二月。久しぶりに会った友だちと話していたら、彼女が唐突に聞いてきた。

「屠蘇散、どこで買えるかなあ」

すぐ思い浮かべたのは薬屋だが、自分では買ったことがない。いまどきのドラッグストアで扱っていないだろうし、漢方薬局なら手に入るのかな。

やぶから棒になぜ?

「あのね、赤ワインに入れるとめっちゃおいしいのよ」

私は小膝を叩いて反応した。

「それってヴァン・ショーと同じかも」

赤ワインにスパイスを入れたヴァン・ショー(=ホットワイン、グリューワイン)は、寒い冬の夜に最高だ。マグカップに注いでふうふう吹きながら飲むと、体の芯から温まる。そうか、屠蘇散はスパイスの集合体だ。ユリイカ!

でも、どこで買えばいいの。いざとなったら、ないものはないAmazonに頼ればいいか……なんて話した。ところが、数日後、たまたま通りかかったデパートの正月用品売り場に紅白の包みの屠蘇散が置いてあるではないですか。お値段、ひと袋百四十円。勢い込んで買った五袋の香りのすばらしさは、冒頭に書いた通りだ。袋をひっくり返して読む。

原材料名

桂皮・山椒・陳皮・桔梗・大茴香・丁字・浜防風

ご使用方法

清酒一合に本品を6～7時間浸し、みりん（30～50ml）又は砂糖（小さじ2～3杯）を加えてお召し上がり下さい。

――正調お屠蘇のつくり方はわかったが、私は当初の思惑通り、赤ワインでいきます。すぐにでも試したかったけれど、めでたい紅白と「屠蘇」の二文字に気圧《けお》された。屠蘇の「屠」は、〝追い払う、葬り去る〟。「蘇」は、〝魂を蘇らせる〟。年頭に邪を払って災いを避け、新春に福寿を招くという謂われに従いたくなり、年の暮れは香りだけ堪能し、正月にいよいよ。

小鍋に赤ワイン、ティーバッグ状の屠蘇散を入れ、ゆっくり温める。ふと思いついて、みかん半個をスライスして加えてみた。

すばらしき風味。屠蘇散の袋にも書かれている。

「年始のお屠蘇の一杯は芳香佳味にして頗《すこぶ》る爽快」

# 箱根の言霊

今年も箱根駅伝をテレビの前で観戦した。

総合優勝は二年ぶり六度目の青山学院大学、しかも大会新記録。二位の順天堂大に十分五十一秒もの大差をつける攻めのレース展開に釘づけになったのだが、もっと知りたかった、聞きたかったと思わされたのが運営管理車の監督たちのナマの声だった。実況中継のアナウンサーの絶叫じゃなく。

選手の背中を押す青学大の原晋監督の声がとても印象的だった。

とくにこれ。

「そうそうそうそう！」

語尾を上げて波に乗せる独特のリズム。レースの途中、「これで最後だ、あと三キロ」「こんなもんじゃない」「さあ行こう行こう」「チームも勝つし、おまえも勝つぞ」……

多彩な檄を投げかけるのだが、とりわけ何度も放っていたのが「そうそうそうそう！」だった。

特別な言葉や名科白ではないのに、原監督ならではのオリジナルな声。画面のこちら側で聞いているだけでも、マイクから箱根の山や国道に響く力強い「そうそうそうそう！」には、脳内にセロトニンが湧き出てくるような肯定感や多幸感が溢れていた。つねづね「心に響かせる話術が大事」だと話している指導法の一端を知り、レースを差配する勝負師の言霊に触れた気がして、がぜん惹きつけられたのだ。

監督と選手の関係や駆け引きのドラマが垣間見えるから、監督のナマの声に耳をそばだてたくなる。秒単位で情勢が変わる駅伝観戦の面白さのライブ中継だ。

三年前、二〇一九年の箱根駅伝も忘れられない。駒澤大学の大八木弘明監督の、あの有名な檄。選手の後方を走る運営管理車のなかから、マイクを握った大八木監督が言い放った。

それは駒澤大学の選手に対してではなく、前後を競り合っている國學院大學の選手に対してだった。敵のチームの選手なのに、名前は呼び捨てで「いいか、引っ張っていけ！」。うちの選手を引っ張っていけ、という大所に立ったうえでの呼びかけで、そのあと〝ふたりで行けば区間賞だ〟などと叫んでいた。

すごいものだな、と舌を巻いた。さすがは名将大八木監督、もはや箱根駅伝全体を監督しているぞ、とおおいに話題になったシーンだった。じっさい、「引っ張っていけ」と檄を飛ばされた國學院大の選手は、ぐんぐんスピードを上げて駒澤大の選手を引き離してしまった。

昨年、小説誌の取材で駒澤大学陸上競技部の道環寮を訪ねたときのこと。寮の応接間に入ると、「漢」の文字が墨痕鮮やかに揮毫された優勝記念の一升瓶が飾られていた。

昨年二〇二一年の箱根駅伝の優勝校は駒澤大学、大八木監督が車中から何度も繰り返した「漢《おとこ》だろ！」も、世間の注目を集めた檄だった。

「そうそうそう！」には原監督の、「漢だろ！」には大八木監督の、どちらも腹の底から生まれた言霊が宿っているからこそ、闘いのどまんなかにいる選手たちの背中を後押しするのだろう。

ところで、優勝の翌日、東京新聞一月四日付朝刊「この人」欄は原監督の記事だった。「自らへのご褒美は、寮母も務める妻美穂さんと高級な温泉宿に泊まることだという」

続く原監督の言葉。

「物欲はないが、食欲はある」

# 文旦の二月

あっという間の二月後半です。

うかうかしていたら、梅のあと、すぐに桜。その前に確定申告という峠が待っている。

話したいのは、毎年二月にまみえる黄色い太陽のまぶしさについて。

この時期を待ち侘びてきた。届いた段ボール箱をべりべりと開け、黄色のマルが整列しているのを見ると、春の気配がシャワーのように降り注ぐ。

土佐文旦。

私が毎年決まって注文するのは高知・宿毛《すくも》市の果樹農家Tさんで、もう十数年の付き合いになる。Tさん夫妻とはじかに会ったことはないけれど、丹精した土佐文旦やレモンを通じて付き合いがずっと続いてきたので、土佐文旦を見ると、注文案内の紙のすみに載っている夫妻の顔が自動的に思い浮かぶくらいだ。年に一度だから注文にかこつけて声を聞きたくなり、ファクスを送る前、電話を掛けるのも習慣になっている。

「こんにちは。今年の文旦の出荷は始まっていますか」

「はい、もう始まってますよー」

届いた文旦の箱のなかに「ご注文ありがとうございました。元気な声を聞いて安心しました！」なんて奥さんのメモ書きの紙片が入っていたりする。

きりりとさわやかな酸味、なのに甘くて肉厚の果肉がぷりぷりに詰まっているT果樹園の文旦は、宿毛の気候風土の産物でもある。ミネラルたっぷりの風味のなかに、ぎゅっと凝縮された宿毛湾の潮風を感じる。

私が頼むのは2Lと3Lが混ざった家庭用合計五キロで、箱のなかにごろんごろんと十個前後が並ぶ。ひとくちに十個といっても、直径十五センチ近いまんまるの迫力はなかなか。毎日一個と決めて皮を剝《む》くのが恒例行事だ。

五年ほど前から、あらたな行事としてくわわったのが文旦二個分のジャムづくり。「皮を捨てるなんて罰当たり」と友人に叱られ、「ようし見ておれ」と奮起したら、ハマった。

当初は、文旦の厚い皮に気圧され、どうも面倒な気分が先立ったものだが、いまでは、皮を刻むのも、熱湯でゆでこぼすのもへっちゃらになった。手の慣れとは不思議なものだな、と思う。

私のつくり方を紹介します。

①皮を二ミリくらいの厚さに刻む。
②ひと晩、水に浸ける。
③三度、熱湯でゆでこぼす。
④厚手の鍋に皮、果肉、種（ペクチンを含むので、とろみの素になる。お茶パックに集めて入れている）、グラニュー糖二百グラムを入れ、強めの中火で煮る。
⑤全体がとろりとしたら、グラニュー糖二百グラム弱を加える。
⑥風味づけとしてコアントローをちょろり、魔法としてカルダモンの粉をぱらり、さっと煮詰める。

小型のジャム瓶六個分くらい出来るかな。黄色い太陽が透明な輝きをまとってガラス瓶のなかに収まっている光景は、ジャムという食べものの鮮やかな手品を見るかのよう。トーストに塗ったり、チーズにのせたり、ヨーグルトに添えたりしながら、日々の暮らしの友としている。

一個減り、二個減り、また一個減り、段ボール箱がすっかり軽くなってきた。二月半ば、でっかい黄色の太陽が残りふたつ、明るい春の兆し。

# サワムラさん

毎週、益田ミリさんの「週刊文春」連載「沢村さん家のこんな毎日」のページを楽しみに開いている。

ページを開いて、あっ。

第五百三十二回「ヒラマツさん」。え！　あわてて読み進むと……。

お父さん「久しぶりに『ヒラマツさん』が食べたいなぁ」

お母さん「あー『ヒラマツさん』いいね」

馴染みのあり過ぎる名前なので、にわかに動揺する。しかも、お父さん「『ヒラマツさん』はさっぱりしてるし　それにアジフライなんてどうだ？」と言うんです。今夜のおかずは〝さっぱりしている「ヒラマツさん」〟で意見の一致をみる沢村家なのだが、

ナンダロウ⁉

最後に明かされたそれは、白和えだった。以前私が書いた白和え（「真冬の白和え」P154）がいつのまにか沢村家で「ヒラマツさん」と呼ばれていると知り、自分が豆腐になった気がしてモゾモゾむずむずワクワク。小鉢のなかに潜み、私めがけて伸びてくる箸を待つかのような気分を味わったのだった。

「私もつくりましたよ、白和え」

益田さんのページを読んだ友だちが教えてくれた。そうだったの、柿の白和え最高よね、なんて言いながら、昨年暮れに舞い込んだ一通の葉書のことを思い出していた。

郵便はがきに、黒々と鉛筆で書かれた文面。

「町に灯油と文春買いに行って帰って『この味』読んで、山にチェーンソー持って行って、サルが喰い残した柿の大木を切りたおして、梢に残ってた柿採って来て、町にもう一度豆腐買いに行って『この味』つくりました。」

感動した。一編の詩みたいなはがき。

挨拶もなにもない、勢いにまかせて鉛筆で書いたひと続きの六行。柿の木に当てたチェーンソーをブルブル動かす情景が浮かび、ついでに笑いも止まらない。狙い定めた柿を首尾よくゲットした足で車に飛び乗ってハンドルを握り、一目散に豆腐を買いに走るM代さんの姿を思い浮かべたら、ぐっときた。いよいよ一年が終わりかけのある日、里山に住む親しい友を思い、一枚のはがきを何度も何度も読み返した。

さて、「ヒラマツさん」の余韻に浸りながら、「あ!」と思ったのである。

私にも「サワムラさん」がある。第五百二十二回「秋の小さな部屋」を読んで以来、買いものに行った先で、ひゅっとセリフが飛来するようになった。

「そうなのよ　今日はイワシがお買い得」

「そうなのよ　今日はパセリがお買い得」

沢村家のお母さんが買い物の帰り、ミノムシのことを思い出して胸のうちでつぶやく。

「ミノムシよ
　外の世界も
　小さくて」

あら五・七・五だわ、とにんまりしたあと、友人とすれ違いざま「そうなのよ　今日はヒラメがお買い得」。五・七・五の世界に絡め取られてしまい……という話。

あるある、と小膝を叩いたのだが、よっぽど共感のツボに嵌まったらしく、以来私は、たまに出先で「サワムラさん」をつぶやき、にんまりする。まさかこんなヒミツを告白することになるとは思いもしなかったが、沢村家の食卓に上らせていただき、とてもうれしかったのだ。

沢村さん家の
こんな毎日
益田ミリ

# Ⅳ

# ウクライナの手袋

# 鎌倉の白昼夢

油揚げで仕立てたジャケットを、いつか着てみたい。すかっと潔い直線裁ちのライン、光沢のある金茶色、光の当たり具合によって変化する複雑な風合い。裏生地のふっくらとした肌触りも最高で、パリコレでも話題を集めるんじゃないか。

こんにゃく製の下駄もいっぺん履いてみたい。足の裏がぺたりと密着する感触とか、したたかにしなるクッション性とか、かなり気になる。鼻緒はもちろん煮染めた干瓢《かんぴょう》だ。大きな声では言いにくいけれど、こういう妄想や想像のたぐいは（私の場合）挙げ始めたらキリがないくらい隠し持っている。アボカドの種をくるっと外して半円の空洞が現れると、ああこの薄緑色の湯船に身を沈めてみたいという暗い欲望が浮上する朝があります。

一月下旬、神奈川県立近代美術館鎌倉別館で開催されていた今道子写真展「フィリア」

に足を運んだ。今道子は、一九九一年に第十六回木村伊兵衛賞を受賞した写真家で、その受賞作「EAT」を始め、初期から四十年このかた一貫して独自のシリーズ作品を撮り続けている。私が初めて今道子の存在を知ったのも「EAT」だったが、そのとき強烈な刻印を焼き付けられた。油揚げジャケットも、こんにゃく製の下駄も、アボカドの穴風呂も、きっと刻印が疼《うず》くからなんだろう。

展示作品百点あまり、オリジナルの銀塩プリントの作品はミステリアスで、ユーモラスでディープな、毒をまとう。

魚の切り身で覆われた帽子。

銀色に輝く小鰭《こはだ》のブラジャー。

ボタン海老製ブーツ。

パイナップルの皮ジャンパー。

キャベツ男。

潤目鰯《うるめ》のシルクハット。

サンダルのなかの鯖一尾。

丸鶏婦人。

……市場に足を運んで自分で買ってくるというイキのいい魚介、野菜、果実をふんだんに使って創るオブジェは、シュールな創造力と欲望の産物。生鮮食品の限りある輝きが、写真表現によって新たな生命を得ている。いっぽう、オブジェに創り変えられた時点で、生きものとしての魚介や野菜の生命は奪い去られる。ミステリーとユーモアとグロテスクは紙一重だ。

とりわけ私がぞくぞくしたのは「烏賊＋スニーカー」（一九八九年）。ナマの烏賊製のスニーカー全体がぬめりを帯び、靴紐は烏賊の足！　穴をにょろにょろと繋いでクロスする烏賊の長い足や吸盤を凝視しながら、どうやって結べばいいのかな、固結びかな、蝶結びもいいな、と真剣に考えた。いまも考えている。

「パイナップル　ジャンパー」（二〇一七年）もすこぶるつきのセンスだ。つんと尖った無数のトゲの鋲もパンクだし、通り過ぎるときパイナップルの香りが残るなんてイカしている。ただし、果物のアレルギー持ちには致死量の一着だけれど。可憐さでは群を抜く「えんどう豆＋ワンピース」（一九九三年）も忘れられない。えんどう豆の首飾りは、そういえば少女の頃の憧れだった。

ヘンゼルとグレーテルは、森のなかでお菓子の家を見つけてケーキの屋根やパンの壁を食べ、怖ろしい目に遭う。今道子の写真のなかでは、停止した時間のなかで白昼夢に浸っていられる。金茶色の油揚げのジャケットの袖に腕を通すのも夢じゃないと思えてくる。

# ひと粒の値段

向田邦子没後四十年にあたり、この夏、多くの刊行物が出版され、雑誌の特集も組まれた。私も寄稿や対談の依頼を受け、著作をひと通り読み直す機会があった。小説、エッセイ、シナリオ、何度読んでもそのつど惹かれるのだが、対談もすこぶるつきの面白さ。向田邦子という女性の性分が披露されており、壁一枚はさんで話を聞いているようなナマっぽさに引き込まれる。

作詞家、阿久悠との対談（KAWADEムック『向田邦子　増補新版』所収）のなかで、「阿久さんにとって、ぜいたくってどういうことですか」と問うと、折りしも休筆中の作詞家は「浪費もふくめてゆとりですね」と答える。そして、お互いに〝遊ぶことは罪悪だ〟という感覚からどうしても逃れられないと吐露し合って意見の一致をみるのだが、それに続く向田邦子の話が具体的で、自分を語る描写が細かい。

「遊んじゃった日はおかず買う時にケチですね、とても、安く済ませていますよ。一日働いた日はステーキ食べてもいい。今日は何もしないで、考えたら一字も書かなかったのでホウレン草煮たのにしようとか。恥ずかしいですけど抜けないですね、そういうのは」

そんな自分について、「何か一日で小さくつじつまを合わせて収支決算をしているような、いじましいところがありますね」と語っているので、壁のこっち側で聞いている者として膝を叩き、ああ自分だけじゃなかった、と胸をなでおろしたりする。

今朝、ぶどうを食べているとき、この対談を思い出していた。連れ合いが奮発して買ってきたシャインマスカット。年に一度くらいしか食べない高級ぶどうだから、めったに寄らないデパートの果物コーナーでわざわざ買ったのだという。

碧《みどり》の輝きが美しく、威風堂々、まぶしい。ただし、片手に収まるくらいの小ぶりの房に、なんとなく倹約の気配が滲《にじ》んでいる。

それとなく訊く。

「いくらだった」

食べる前に値段を訊くって、それこそいじましいですね。むかし、返還前の香港に数人で旅をしたときのこと、とある広東料理レストランで鮑《あわび》料理が出てきた。すると、「この鮑一個を一センチ幅に切り分けて食べるとすると、たったひと口三十秒千七百円の勘定になる」とすぐさま計算してみせたひとがいて、一同から「食べる前に言うな」と顰《ひん》蹙《しゅく》を買っていた。知りたくもあり、知りたくもなし。

ところで、そのシャインマスカットはひと房二千円だった。

「もっと大粒で房のでかいのも並んでいたが、三千円とか三千五百円とか怖ろしくて」

そうよね、二千円がせいぜいよね、などと応じながら、すばやく目玉を動かしてシャインマスカットの粒の数を追う。

ざっと四十粒。ということは……こういうとき、苦手な暗算の答えがすぐに出る。

ええっ？

ひと粒五十円！

これは知りたくなかったと動揺し、ひと粒ひと粒をもぎ取る指に緊張が走る。

向田邦子は、その対談のなかで、こんな衝撃的な言葉を発している。

「ケチの話と戦争中のモノがなかった話、ああいうのは猥談に似ていると思いませんか。精神としては猥談じゃないかな」

# ひまわりとオムレツ

タイトルを聞いただけで鼻の奥がつーんとする映画が、誰にでもいくつかあると思う。むかし観たとき、目を真っ赤に腫らした記憶のある映画には、いつまでも動揺させられる。大学生のとき名画座で観たルネ・クレマン「禁じられた遊び」（一九五二年）やフェデリコ・フェリーニ「道」（一九五四年）、あれは、映画館の暗がりのなかでほとんど号泣しかけた初めての映画体験でもあった。ナルシソ・イエペスのギターの音色とか、ニーノ・ロータのメロディとか、聴けばほんの数秒で感情移入のスイッチが入る。同時代の映画なら、二十代半ばに観たヴィム・ヴェンダースのロードムービー「パリ、テキサス」（一九八四年）。寂寞とした荒涼感に苛《さいな》まれ、肩を震わせた。

そんな映画のひとつに、ヴィットリオ・デ・シーカ「ひまわり」（一九七〇年）がある。このイタリア映画も、やっぱり大学時代に名画座で観た。たぶん飯田橋「ギンレイホール」、あるいは池袋「文芸坐」。当時は四、五軒の名画座のタイムスケジュールをノートに書き写し、熱心に通い詰めていた。「ひまわり」はすでに名作として広く知られていたし、マルチェロ・マストロヤンニとソフィア・ローレンに惹かれ、〝見逃せない映画〟として観に行ったのだが、映画館を出るときには身も世もなく両目を赤く腫らして打ちのめされていた。

衝撃を受けて立て続けに二度観て以来、「ひまわり」を観る機会はなかった。ところが、つい二か月ほど前、この映画について執筆する機会があり、四十年ぶりに封印を解くことになった。また嗚咽《おえつ》を漏らしたらどうしようと怯えながら。

ところが、涙の一滴もこぼれなかった。もちろん、ソ連戦線に送られて何年も行方知れずの夫、イタリアから単身やってきた妻、ふたりが鉄道のプラットホームで再会する場面の哀切も、戦争がもたらす男女の運命の残酷さも、変わりなく胸に迫ってくる。しかし、昔は泣けて泣けて仕方がなかったのに、いまはその感情が涙には変わらない。

これはどうしたわけだろう。涙もでないくらい擦れっ枯らしになったかと苦笑いが出たけれど、それだけでもないと思い至った。初めて「ひまわり」を観たときから今日まで、この自分にも有形無形の別れがたくさんあった。たとえ理不尽でも、別れを受け容れなければ生きてはいけないのが人生でもあるらしい。

でも、泣けないかわり、思いがけない多幸感を抱いたのである。

恋女房ジョヴァンナのために、色男アントニオが意気揚々と卵を二十四個、白いボウルのなかに次々割り入れる。

「料理は得意なんだ。君のために傑作を作る」

食卓には、フライパンで焼いた巨大なオムレツ、二枚の皿、赤ワインのボトルとグラス。結婚したばかりのふたりは、塩と胡椒だけで味つけした大きなオムレツをひたすら食べて、食べて、皿が空になった頃にはげっぷがでそう。

「どうやって食ったのかな」

「ひと月、卵と絶交よ。玉ねぎが入ってなくてよかった」

針の振り切れそうな幸福が巨大なオムレツのなかに充塡され、その温かみが映画をぽっと照らしていた。スクリーンいっぱいに広がる異様な数の黄色いまんまるのひまわり、巨大なオムレツ。ひまわりの黄色と卵の黄色が重なり合っていた。

# 映画とスープ

〈用意するもの〉
丸鶏　一羽
にんにく　たくさん
ナツメ　二、三個
高麗人参　二本くらい
塩、こしょう
水　丸鶏が浸かるくらいたっぷり

韓国の夏の味、丸鶏のスープは、材料も作り方もとてもシンプルだ。

暑気払いに滋養のあるものを食べる習慣は、韓国にもある。夏のあいだに三度ある伏日がそれで、二〇二二年は七月十六日（初伏）、二十六日（中伏）、八月十五日（末伏）。

韓国でよく知られる言葉がある。

「以熱治熱《イヨルチヨル》」

熱を以て熱を治める。暑い時期に熱いものを食べて発汗を促し、身体の熱を取るという薬膳の考えかた。この四文字を知って以来、夏が来るたび、私も「イヨルチヨル」のおまじないを唱えてきた。熱い鶏スープは、その意味でも、おおいに理にかなっている。

丸鶏のおなかに詰めるのは、にんにく、ナツメ、高麗人参のほか、もち米や生栗、松の実も入れたりする。ぎっしり詰めて針と糸で縫い合わせ、大鍋に入れてかぶるくらいの水をたっぷり注いで、気長にことこと煮る（ソウルの友人は、圧力鍋で煮ると超スピード短縮よ、と言っていた）。

中火でひたすら煮込んで四時間過ぎるころ、鍋のなかに美しい透明な金色のスープが現れる。箸でつまむと、肉はほろほろ。朝鮮半島で愛され続ける参鶏湯《サムゲタン》のできあがりだ。

このソウルフードを題名にした映画がある。ドキュメンタリー映画「スープとイデオロギー」（監督・脚本・ナレーション　ヤン　ヨンヒ）。大阪・生野区出身のコリアン二世、ヤン監督が自身の家族を描く映画三部作のいわば完結編だ。

なぜ、父母は息子三人を帰国事業で〝北〟へ送ったのか。なぜ、母は四十五年間、息子たちの家族に猛然と仕送りをせずにはいられなかったのか。なぜ、在日として苦しい日々を乗り越えてきながら、老いてなお〝将軍様〟を称える歌を口ずさむのか……幼いころから父母に対する怒りに似た感情を抱いてきたというヤン監督は、〝なぜ〟の答えを見つけられずに生きてきた。しかし、つい数年前、病床に横たわった母は、胸のなかに閉じ込めて明かさなかった秘密を、娘に語り始める。一九四八年、韓国・済州島で起こった大虐殺「四・三事件」。母は、ジェノサイドの生き残りだった。その事実にこそ、〝なぜ〟の答えが隠されていた――。

北と南に分断された家族のありさまが、母の老いの日常を通じて描き出される。スクリーンから受け取るものはあまりに多い。個人と家族、個人と国家、個人と政治。韓国と北朝鮮。韓国と日本。在日韓国・朝鮮人と日本人。父と母。母と娘。そして、映画監督ヤン ヨンヒそのひとの生き方。

怒濤の人生を包み込むのが鶏のスープなのだった。大阪の実家を訪ね、結婚の許しをもらいにゆくヤン監督の婚約者に、母が腕まくりをしてご馳走するのが、あっけにとられるほど大量のにんにくを丸鶏に詰めて煮込む参鶏湯。その味を引き継ごうと台所で奮闘する彼、荒井カオルの参鶏湯もなかなかの出来映えだ。大鍋に掛け渡してふたをずらす菜箸の置き方まで踏襲し、そっくりそのまま義母の味を伝承しようとする姿はリスペクトと慈愛に満ちている。

映画が語りかけてくる。この滋養に満ちた魂のスープは、イデオロギーを超えて人間どうしの理解をうながす、と。

# 熱い饅頭

「冥利が悪いのよね」

樹木希林さんが繰り返していた。お会いして話した三時間近くのあいだ何度も聞いたので、樹木さんにとって大事な言葉なのだと思った。洋服にしても、ただ捨てるのではなく「冥利が悪い」。はさみで切って袋物に仕立て直したり、ハギレにしたり、もうひとつ何かに役立てるのが習慣になっているとおっしゃる。

「ほら、これだってそうなのよ」

ご自分の着ている紫色のてろんとした生地のブラウスを指差す。えっ、と訊き返すと、にやり。

「これね、モッくんのお古なのよ。もう着ないって言うから、じゃあちょうだいって。ほらここんとこ、袖丈が詰めてあるでしょ。私には長いからさ、自分でちくちく縫って、丈を詰めて着てるの」

　そう言われてみると、シブい紫の照りは本木雅弘さんにも似合っていただろうな、と納得する。両袖の二の腕のあたりがうまい具合に内側へたくし込んであるのだが、言われるまで全然わからない。

　この場合の「冥利が悪い」は「ひどいことをすると神さま仏さまのご加護を受けられない」という意味である。また、「あまりにありがたくて、ばちが当たる」という心情を表すときに使ったりもする。いずれにしても、収まりのつかない申し訳なさを表す言葉だ。

　私の親は、念仏を唱えるみたいに「ばちが当たる」としょっちゅう口にしていた。飯粒を残すとばちが当たる、鉛筆やクレヨンを小さくなるまで使わないとばちが当たる……口うるさいなと思いながら、いつのまにか私にも染み込んでしまった。

　ときどき、うっかり饅頭が残る。久しぶりに和菓子屋に来たから、と欲張って買い過ぎたり、たくさん頂き物をしたときなど、先を見越して半分は冷凍しておけばいいのに、タイミングがずれる。迂闊《うかつ》だった、ああもったいない、ばちが当たるとひとりごちる。

　しかし、挽回の道はある。

　哀れな饅頭は皮にひび割れができそうだが、カビが生えていない、食べようと思えばイケると思うと無下に扱えず、なかったこと、見なかったことには出来なくなる。

そこを見越して、一手。小麦粉を水で溶いて練り、饅頭を浸して生地をまぶしつける。それを、フッ素樹脂加工のフライパンを火にかけてごま油を少し垂らした上に置き、こんがりきつね色に焼きつけるのである。用心深く、弱めの中火でじっくり焼きながら、内部のあんこに火を通して熱くする。焼き饅頭に仕立て直すつもり。

トースターで焼く手もあるだろうけれど、ひと手間かけてみたくなる。菜箸でときどきひっくり返していると、大阪の堂島「出入橋きんつば屋」で眺めた光景を思い出す。この話の流れで持ち出すのは申し訳ないすばらしき味で、熱々の手焼きのきんつばを店内の小卓で頬張ったときの感激は忘れがたい。大阪に行ったら真っ先に訪れたくなる一軒だ。そんな記憶にも思いっきり底上げしてもらい、自作のほかほかの饅頭を食べる。無駄にはしなかった、ばちは当たらないと安堵しながら。

九月十五日が樹木希林さんの命日である。樹木さんの「冥利が悪いのよね」という言葉をなつかしく思い出し、書いておきたくなった。

# 主演女優とイノシシ

六月十一日夜十時。いそいそとテレビをつけた。目当ては、ＮＨＫスペシャル「獣害を転じて福となす～雅《まさ》ねえと中国山地の物語～」。

その数日前、舞台になった島根県美郷《みさと》町の役場の課長、安田亮さんから連絡を受けてびっくり。

「雅ねえが主演女優です」

マスコミ嫌いの雅ねえが「Ｎスペ」に出演、それも主演女優!?

雅ねえについては、あとで語りたいが、二年前に刊行した拙著『肉とすっぽん』で、日本各地の食肉の取り組みについて書いた。第二章「猪――島根・美郷町　害獣を恵みに変える挑戦」は、島根県邑智《おおち》郡美郷町に通って取材した一編。町、といっても過疎の土地。鉄道は廃線になったけれど、全国区のブランド「おおち山くじら」がある。山くじらはイノシシのこと。もうじき夏イノシシの肉の季節が来る、と思った矢先だった。

山あいに暮らす住人全員が物語の登場人物に見えるくらい、美郷町の挑戦はユニークだ。町ぐるみの取り組みの一部始終は『肉とすっぽん』にくわしく書いたが、番組でも、〈駆除を猟友会に頼まない〉〈主役は農家と婦人会〉〈高齢の婦人たちがワナを仕掛け、サルやイノシシのこない畑づくりに成功〉〈獲ったイノシシを町内で食肉加工、地域ブランドとして販売〉……意表を突かれる成果がたくさん描かれている。

その中心人物のひとりが雅ねえ。獣害対策のエキスパートで、かつて国の研究機関で鳥獣害研究チーム長を務め、定年後、美郷町に移住。骨太のごつい体格、しわがれ声は男のそれだが、心は乙女。会う者をぐいぐい惹きつける人柄で、私は長年、雅ねえの魅力に首ったけ。もちろん主演女優の登場には何の異論もないが、全国放送で知れ渡ってしまうと思うともったいない気持ちになるのは内輪のファン心理だ。

画面で、雅ねえ節が炸裂する。

「被害じゃなく、私が私の畑を使ってイノシシの餌付けに成功しただけのこと。悪いのはイノシシではなく、餌付けに成功した人間ということです」

発想の転換をしなさい。行政に頼っていても現状は変わらへん。自分で自分を守れるようになってほしい。でも、キリキリしないこと、「だいたい」と「ええ加減」が大事。荒ら笑いと迫力をミックスする指導もすごいが、すぐさま行動に移す住人もすごい。

され放題だった畑も、教わった通り低木栽培に変えると、獣害が激減した。サルやイノシシは、ここにいても食べるものがないぜ、と見限って姿を消す。

目頭が熱くなる場面があった。

「『ありがとう』って言ってもらえると、（こんな）自分もおったほうがええ人かもみたいに思えるやん」

定年まで隠し続けていた自分のなかの女性をカミングアウトすると、美郷町では「中身は変わらんよ」と誰もが分け隔てない。雅ねえにとっても、自分の存在を肯定して生き方が楽になったのは、美郷町にイノシシがいたからこそ。

美郷町のタタカイは、個人の生き方や獣害対策だけに留まらないところにスケールの大きさがある。イノシシが掘り起こすのは、過疎や高齢化問題にどう立ち向かうのか、日本が直面する社会問題でもある。ワハハと笑顔のまぶしい婦人会の面々の表情が、その答えのひとつだ。

今年も美郷町の夏イノシシ肉を注文しよう。夏イノシシの肉はさっぱりとして、またうまい。

# 明治の「鰯」

竹橋の交差点で信号待ちをしながら、盛りを過ぎたお堀端の桜を眺める。ここ二日ほど雨が続いたせいだろう、ずいぶん色褪《あ》せた。雨風に散った花びらが歩道のあちこちに溜まっている。

「没後五〇年　鏑木清方《かぶらききよかた》展」（東京国立近代美術館）を心待ちにしてきた。今年一月、鎌倉に行ったときには鎌倉市鏑木清方記念美術館も訪ねた。雪ノ下の旧居跡に建てられた小さな美術館で、一九七二年、九十三歳で亡くなるまでの十八年間をここで過ごしたという。そのまま再現された端正な日本間の画室には、絵筆、筆盆、筆洗などの絵道具、座卓や座布団などが置かれ、在りし日の姿を引き寄せられるのがうれしい。二か月経ったら、また竹橋で鏑木清方に出会えるんだなと思うと贅沢な気持ちになった。

美人画で広く知られる日本画家だが、自身は、美人画の巨匠という評価をよしとしなかった。人物とともに、きわめて微細に、楽しげに描写される明治の風俗、季節感、風景。私などが画業についてくだくだしく語るのは野暮というものだが、市井のひとびとの暮らしの躍動が伝わってくるからこそ、一瞬を捉えた女性たちの仕草に時代を超越する光が宿っている。

竹橋では、とりわけ、「鰯」。〃もっとも惹かれる題材は明治の庶民生活〃と、明治十一年生まれの画家自身が語っているが、家の中と外、あるいは台所と路上が素通しに繋がる生活ぶりを彷彿させる。東京の下町だろう、海に近い築地か八丁堀あたりか。墨色の屋根の下、鰯売りの少年から鰯を受け取るたすき掛け、前掛け姿の女房。地面に置いた鰯の天秤棒つきの籠。台所の入り口には手桶、水瓶《みずがめ》、柄杓。簾《すだれ》ごしに焼き網、包丁掛け、すり鉢、すりこぎ、瓶、釜などがうっすら透けて見える。玄関先の土間に立てかけた下駄。すぐ脇の路地を駆け抜けてゆく童子。隣家の駄菓子屋の軒先に並ぶ小さな菓子や壺。柱に止めた芝居の番付の紙片。路傍の野花。屋根に開いた天窓から白い煙がたなびいているから、たったいま煮炊きの最中なのだろう。折りしも鰯売りの少年の声を聞き、外に顔を出して呼び止めた——。

微に入り細を穿《うが》った情景描写だけれど、しかし、鏑木清方の愛した市井の暮らしの情景はすっきりと清潔感に溢れ、つつましい。関東大震災によって東京の下町の風情がごっそりと失われてしまったことに大きな衝撃を受けたといわれるが、喪失の虚しさがいっそう明治への憧憬を掻きたてたのだろうか。

随筆家としても健筆をふるった鏑木清方は、こう書いている。

「私はただ鑑賞にのみ通う画境は決して望むところではない」（『紫陽花舎随筆』講談社文芸文庫）

根っからの庶民と自身を位置づけ、たゆまず庶民の生活の細部を描くことで絵と社会の回路をつくった——「鰯」を始め百点以上の作品を見ながら、そんなことを思った。

もうひとつ、驚いたことがある。会場に流れていたＮＨＫラジオ、一九五四年当時の肉声の一部。

「空襲警報が鳴ると、意地になって細かい美人画を描かずにはいられなかった。かすかな反抗心なんでしょうね」

戦時中、筆先に宿らせた感情に触れて立ちすくんでしまった。

# 記憶の卍《まんじ》固め

不世出の人物アントニオ猪木、二〇二二年十月一日逝去。最期まで自身の姿と言葉を発信し、亡くなる十日ほど前のYouTube動画では、〝サプライズ〟として「ガリガリ君　ソーダ味」を砕いて、口に運んでもらっていた。徹頭徹尾、サービス精神の塊だった。

アントニオ猪木が美食家だったというのはつとに有名だが、食べものにまつわる追悼記事を多く目にするのは、その裏付けでもあるだろう。「世界中でおいしいものを食べさせてもらった」と語るのは、プロレス担当の番記者だった吉武保則氏。「忘れられない味に隠されていた〝物語〟」として、ロサンゼルスのとある古い日本料理店でいっしょに食べた冷たいカレーを挙げ、アメリカ武者修行時代のアントニオ猪木が名乗ったリング名「トーキョー・トム」との関係を読み解いており、味わい深い（東スポWEB

十月十五日配信)。

　おなじく猪木番を務めた小谷野俊哉氏は、生前贔屓《ひいき》にしていた麻布十番「一番館」の豚足について記す。

「猪木さんは、昨年4月が『一番館』に来た最後になったという。猪木さんが好きだったホルモンを焼いて食べ、マッコリで献杯した。そして、いつもは注文しない豚足にかじりついた。これこそが、アントニオ猪木の大好物。病床にあっても取り寄せていた。マダムが『亡くなる前の週の水曜日に届けたのが最後』としんみりしながら出してくれた」(ニッカンスポーツ・コム　十月十六日配信)

　写真には、その「一番館」の豚足の皿。むっちりと大きな豚足から、「闘魂」の二文字が浮上するかのようだ。

　逝去直前まで、自宅で開く週一度の食事会を楽しみにしていた(東スポWEB　十月十九日配信)。好んだのは鰻やふぐ、食べると翌日は体調を崩すのに、それでも口をつけたという。深夜、「温かいものが飲みたい」とスタッフを呼ぶので、訊くと、そば湯。酸いも甘いも嚙み分けた波瀾万丈の人生の終わりにぽっと灯りが点るような滋味を求めたと知り、心に沁みる。

　同時代を生きてきたプロレスラーにとっては、練習の記憶が生々しい。大日本プロレスのグレート小鹿会長は、一九六二年、日本プロレスに入門したとき二十歳、十九歳のアントニオ猪木は兄弟子だった。

「練習では厳しかったが、優しい先輩だった。ある日の練習後、道場の忘れ物を食事中の猪木さんに届けると『お前も食え』と天丼とタンメンをごちそうしてくれた。小鹿は『初めて食べた味だったんだ。今でも食べると、あの時のおいしさ、懐かしさがこみ上げてくるんだよ』と語る」（東スポWEB　十月十八日配信）

ことごとく色濃い〝物語〟ばかり。人生と食べものが交差する地点で、アントニオ猪木が記憶の卍固めを決めている。

十月三日、長州力のYouTubeチャンネルの動画は、深く胸打たれるものだ。「アントニオ猪木会長に最期のお別れをしてきました」と報告する十二分の動画。いち早く弔問に訪れたさいの自身の心境を訥々《とつとつ》と語る。闘病中だった「会長」についての率直な思い。亡くなった直後、熱海からタクシーで駆けつけ、対面したときの感情。線香を手にした瞬間の激しい動揺……問わず語りに続く言葉に長州力の人柄と真情が溢れ、プロレスのあれこれを詳しく知らない者にも、永訣の重さ、寂寞《せきばく》がひしひしと伝わってきてほろりとくる。

板チョコをぼりぼり食べながら話し、長州力はこうつぶやくのだ。

「なんか口んなか甘くしねえと言葉が出てこない」

# あこがれのデイジー

やっぱり観ておかなくちゃ、くらいの軽い気持ちで行った自分が愚かだった。

マリー・クワント展（Bunkamura　ザ・ミュージアム）。日本初の回顧展で、ヴィクトリア・アンド・アルバート博物館での展示から衣類約百点や映像、写真などが並ぶ。一九六〇年代のロンドン・カルチャーを牽引したデザインはまったく色褪せておらず、それどころか、いまなお革新的なエネルギーを放っていることに衝撃を受けて呼吸が荒くなった。マリー・クワントはまさしく革命家だったのだ。

私がその名前を知ったのは大学生のとき、一九七〇年代後半に化粧品ブランドとして出会った。メイクにはあまり興味がなかったけれど、コスメラインのパッケージに大胆にデザインされる五枚の花びらのデイジーが時代の先端を伝えてくるから、女の子たちは〝これをポーチのなかに入れなくちゃ〟という気になった。六〇年代のカルチャームーヴメント「スウィンギング・ロンドン」の立役者として、ビートルズやローリング・ストーンズらとともに名を轟《とどろ》かせたマリー・クワントは、下着や化粧品も手掛けながら大量生産に進出、世界市場の大舞台に乗り込む。デイジーのマークは、だから、ひと目見てマリー・クワントだと認知できるアイコンだった。

展覧会場でマネキンが穿《は》くラメのタイツを眺めながら、立ち止まって考える。化粧品を知る以前に、私はマリー・クワントの熱波に触れているはず……何だろう。

あっ、ツイッギー！

「小枝」の愛称で呼ばれる華奢な体型のツイッギーは、ロンドン・カルチャーの顔、いわばロールモデルだった。そのツイッギーが来日するというので、大騒ぎ。六七年、テレビのニュースで見た羽田空港に降り立つ姿は、小学生の目も釘付けにした。ぴたりと横分けにしたショートカット、ミニワンピース、同色のタイツ、太くて低いヒールの靴。完璧なかっこよさだった。

折しも六〇年代後半、マリー・クワントが発表するスカートの丈はどんどん短くなり、それまで裏に隠れていたジッパーをアクセントに使ったり、動きやすく着やすいジャージー素材のワンピースを次々に発表した。展覧会場にもディスプレイされているグリーンの「スケータードレス」（一九六七年）の素敵っぷりときたら。スタンドカラー、センターのジッパー使い、ローウェストの切り替え、スカート部分のフレアー……すでに、

ミニマリズムも先取りしている。黒一色に長い一本のジッパーだけのミニドレス「バナナスプリット」を発表したのも、六七年。「衣服は自分自身やなりたい自分を表現するための手段なのよ」と語ったマリー・クワントは、デザインによって獲得した女性の権利をあまねく世界各地に手渡した人物だ。

ツイッギーの話に戻そう。

変革の嵐とともにやって来たツイッギーは、いくつかの日本の広告に登場した。そのうちのひとつが森永製菓「チョコフレーク」。サクサクのチョコフレークを四角い箱からつまむツイッギー、身にまとうミニワンピースとタイツと靴は、もちろんマリー・クワントのものだ。六〇年代の「スウィンギング・ロンドン」に間に合わなかった私は、茶の間のテレビや広告で繰り返し見るツイッギーとチョコフレークを通じて、マリー・クワントにあこがれを抱いていたことになる。

一九六七年。来日したツイッギーのCM効果で、森永製菓のチョコフレークはたちまち有名になった。

コーンフレークをチョコレートでコーティングしたお菓子で、不揃いな形も新しい。当時五十円くらいだったけれど、小学校低学年の財布から気軽に出せる金額でもなく、親に買ってもらっていた。箱を振ると、シャッシャッと音がするのも楽しかったな。ロングセラーだったのに、二〇一九年、生産終了になって時代の波間に消えた。

でも、七一年発売の「小枝」は健在だ。米パフやアーモンド入りの細いクランチチョコ。何十年かぶりに買ってみたら、いまどきの流れに沿って個包装になっていた。「小枝」は、どう考えてもツイッギー（小枝）にあやかったネーミングだろう。こうなったら、しがみついてでも六〇年代の火を守ってもらいたい。

さて、ふたたびマリー・クワント展の話。ミニマムなジャージードレスのデザインに感嘆したあと、「誰かリバイバルさせてくれませんか」と言いたくなったのが、レインウェアのラインナップだ。ツートーンカラーの防水ワンピース（一九六六―六七年）は、一周まわってとても新鮮。水をはじくPVC素材の出現は、デザインのパイオニアを歓喜させた。とくに私が「欲しい！」と感動したのは、雨の日用ケープ。これで十分、これがいいんですよ。さっと一枚肩に掛ければ雨よけは完璧だし、必要なときに脇のスリットから手を出せばいいし、脱いで畳めば平たくなるし。

スウィンギング・ロンドンは解放のムーヴメントだった。六六年、女王陛下から大英帝国勲章を授与されたときも、代表作のジッパーつきジャージードレスに同素材のベレー帽、タイツ、フラットシューズ。実用性をファッションに持ちこんで変革を起こしただけでなく、マリー・クワントは階級や制度も軽やかに否定してみせた。やたらかっこよかったデイジーのマークは、すでにファッションブランドのアイコンを超えていることに女性たちは気づいていた。彼女自身、「ウーマンリブを待っている暇はなかった」（本展図録より)。

元気を鼓舞されて会場の出口を通ると、展覧会にまつわるグッズ、イギリスの味や雑貨のあれこれ、関連書籍がところ狭しと並んでいるので、またテンションが上がる。展覧会のグッズコーナーは、土産物売り場みたいな安っぽさに鼻白むことも多くてピンキリだけれど、本気度が違う。

マーマレードやレモンカード、ジャム、紅茶、シードルやビール、チョコレート、英国王室御用達マルドンのシーソルトも並んでいる。塩の名産地マルドンでつくられる海水百パーセント、平釜製法の塩は平たい結晶の形が美しく、魅惑のシャリシャリの食感。これは絶対に買わないと。

ひさしぶりの遭遇がうれしくて、思わず手が伸びたのがマクビティのダイジェスティブビスケット、オリジナル・バージョン。小麦の表皮も胚芽も丸ごと挽いた全粒粉のザクザクのおいしさを教えてくれたのは、イギリス製のこれ。日本に輸入されたのは七三年、私は十代だった。ほどなく知った片面チョコレートタイプは、いまも大好きだ。

帰り道、かつてロンドンに渦巻いたストリート・カルチャーの飛沫を浴びたまま渋谷駅に向かった。「時代に負けるな」と囁くマリー・クワントの声を背中に受けながら。

# 日本への贈りもの

六本木交差点を青山方向へ歩くと、いまの六本木ヒルズの向かいあたり、六本木通りに面したビルの壁面の看板に、ぱっと目を引くフランス国旗の色彩があった。看板文字「A. LECOMTE」

高速道路の景色が映り込むガラス貼りの洒落た佇まいも、六本木の街にとても似合っていた。

その店「ルコント」が日本初のフランス菓子専門店だとは知らなかったけれど、たまに店内で見かける白いコックコート姿の男性が「アンドレ・ルコントさん」だとすぐわかった。気さくな雰囲気なのに、恰幅のよさに威厳が感じられ、特別なオーラを放つ人物。店名に自分の名前を冠するってすごい、と畏敬の念を込めてシェフの後ろ姿を目で追ったものだ。とにかく「ルコント」の存在は衝撃的で、小さなケーキを二個買うだけのために六本木くんだりまで出掛けたのは、私にとって大切な「お菓子にまつわる記憶」である。一九七〇年代の終わり頃の話だ。

カヌレもクイニーアマンもマカロンもなかった時代、「ルコント」が六本木に誕生したのは一九六八年のこと。なにかの記事で、「アンドレ・ルコントさん」が来日したのは、東京オリンピックの前年、世界中から集まるVIPをもてなすため、「ホテルオークラ東京」がフランス菓子の技術指導者として招聘したから、と読んだことがある。きっと、開店までの五年間にも「ルコント物語」が潜んでいるのだろう。よく店頭で見かけたマダム・ルコントは、本当にすてきな日本女性だったから。

「ルコント」のなにが衝撃的だったか。

まず、目が覚めるほどたっぷり使われている洋酒の芳香だった。

たとえば、今日までスペシャリテとして君臨してきたフルーツケーキを初めて口にしたときは、小さなひと切れなのにカミナリが走った。「宝石箱のよう」と形容されるチェリー類やドライフルーツの多さにも驚いたけれど(五十年以上過ぎたいまでも斬新な断面模様だ)、ラム酒の量が半端ではない。それまで知っていたパウンドケーキとは次元の違う豪胆さ、華やかさ、有無を言わせぬ説得力。ポンポネットと名前がついたババにしても、ブリオッシュ生地に染みこませたラム酒の多さに迫力があった。これが本物のフランス菓子なのか、とんでもない世界があるんだな。

ショーケースは店の顔だとも教わった。パリッと硬めのシュー生地にカラメルやアーモンドをのせたシュークリームも並んでいるが、愛らしい子ネズミ型のシュークリーム「スウリー」、長い首の曲線がきれいな白鳥型のシュークリーム「スワン」が整列する景色は、ここにしかない。たとえ買わなくても、前に立って眺めるだけで満足感を与えるショーケースがあることを知った。

それから何年か経ち、気がついたら六本木の店が消え、意気消沈していたら、青山に移転していた。シェフが一九九九年に急逝したあとも、その技術と遺志は受け継がれ、都内数か所のデパ地下でもおなじ味が買えるようになった。「A．Lecomte」のロゴに、在りし日の六本木の風景を二重写しにしながら買うだけでうれしかった。

半世紀以上命脈を保ってきた「ルコント」が、このたび閉店するという。ぽっかりと空く穴を思うとさみしいけれど、「アンドレ・ルコントさん」は、彼が手塩に掛けて育てた多くの菓子職人《パティシエ》のなかに生きている。

# ふたつの場面

ピコンと携帯電話が鳴った。

ＬＩＮＥの着信音。携帯電話を取り上げてＬＩＮＥを開くと、友人のＭちゃんの名前があった。ひさしぶりだなと思いながら、画面を読む。

「いま忙しい？」

急用なのかな。返事を送る。

「とくに忙しくないよ」

すぐ既読がついて、返事。

「いま近所のコンビニに行ってＡｐｐｌｅカード買ってきて欲しいの」

え？　意味がわからない。相手を間違えているんじゃないかな。

「送り先、間違えてない？」

すぐ既読。また返事。

「間違えてないよ。いますぐコンビニでAppleカード十万円買ってきて。お金は明日渡すから。買ったら、記載してある番号を写真に撮って、LINEで送ってくれるかな」

〝お金は明日渡す〟って、Mちゃん西日本の山のなか在住なんだけど……と思った瞬間、事態を察知した。怪しい！

あわてて画面を閉じ、共通の友人に電話を掛けて「Mちゃんからヘンな LINEが届いてない？」と訊くと、「さっき来た！」。

MちゃんのLINEは乗っ取られている。アイコンも名前も画面もいつも通りだがもし気づかなければ、うまく誘導して十万円を盗む詐欺だったのだ。

私は去年の秋、電子マネーでカード番号を盗まれて被害に遭った（その後、カード会社が相当額を補償してくれた）だけに、LINEまで乗っ取られる現場を目撃して、嫌ァな気持ちになる。Mちゃんには、その場で友人が電話で知らせて登録削除したようだったが、世知辛い世の中になってしまった。

いっぽう、ほんのりと温かな情景に逢う日もある。

某コーヒーチェーン店でひと休憩していたときのこと。壁ぎわに座っている私の席の向こう正面に、若いお母さんと幼いきょうだいが座っている。お母さんは背中しか見えないが、男の子たちはこっち向きなので、ふたりの様子がよくわかる。お兄ちゃんは四、五歳、弟は三歳前くらい、仲がよさそうな家族だな。最初はただそれだけだった。

しばらく経ち、ふと文庫本から顔を上げて噴き出しそうになった。

チョコレートのドーナッツを手に持って食べている弟くんの顔が、べたべたの茶色のまだら模様。隣でおなじドーナッツを食べているお兄ちゃんは、ぴかぴかの顔のまま上手に齧りついている。

お母さんの背中をはさんで兄と弟が私と向かい合っていたから、コントの一場面を眺めているかのよう。同じドーナッツを頬張っているのに、ふたりの顔の色がまるきり違う。溶けたチョコレートをほっぺたにまでくっつけ、夢中で頬張る弟くんの愛らしさ、可笑《おか》しさに目を奪われた。若いお母さんは、途中で口を拭いたり注意したりもせず、「うんうん」と終始うなずきながら、兄と弟それぞれのドーナッツを満足のゆくまでゆっくり食べさせて見守っている。

私は、ふと思った。いずれ弟くんも、お兄ちゃんのように「外でお行儀よく食べる」ことを覚えるんだろうな。汚れちまったおとなのよけいな世話に苦笑いしながら、少し切なくなった。

パーカのニットの背中しか見えなかったのに、雪が降りそうな夕方、お母さんのおっとりと柔和な表情を思いながらバスに乗った。

# さよならジャンボ

香港のジャンボが「沈没」した。ニュースを知って、しばらく回想に耽《ふけ》った。ついに、あの竜宮城も姿を消してしまうのか。ど派手なネオンを目一杯輝かせてアバディーン港内に浮かんでいた、全長約七十六メートルの水上レストラン「珍寶王國（ジャンボ・キングダム）」。陸地から見ると、でかい「ＪＵＭＢＯ」のネオンサインが目に飛び込んできて、過剰なエネルギーを放出していた。

その末路も、情報が錯綜していてよくわからない。ここ数日の報道によれば――停泊していた港からカンボジアへ向けて曳航中、南シナ海の西沙諸島近海で「沈没」したと発表（二〇二二年六月二十日）された。ところが一転、「沈んでいない」（六月二十四日）。運営会社の発表と香港メディアの報道も、すれ違っているんだろう。最初は、なんだなんだ？　と眉をひそめていたが、そのうち、〝珍しい寶《たから》〟に似合う話だなと思うようになった。

もともと、いわくつきだった。ざっくりと私が知っていたのは、第二次大戦後、台風シェルターに現れた水上レストランのうちの一艘を事業家が買い取ったこと、莫大な資金を注ぎ込み、装飾をほどこして中国の宮殿様式を模したこと、フローティング・レストランという触れ込みだが、本当は浮かんでおらず、コンクリートで支えられている……一九七六年に開業以来、一大観光スポットとして人気を博していた。

私も、三、四回行ったことがある。たしか九〇年代、「やっぱり行っておかないと」と香港在住の知人に誘われ、興味本位で足を運んだ。巨大な船を飾り立てる香港名物〝明滅しない〟ネオンサイン（航空路への影響を考慮し、香港ではネオンサインの明滅が禁止されている）の迫力にたじたじとなりながら。

ジャンボは、じつは「ジャンボフローティングレストラン」（珍寶海鮮舫）と「タイハクフローティングレストラン」（太白海鮮舫）の二艘構造になっている。私が行ったのは第一甲板にある「ドラゴンコート」と、映画「007／黄金銃を持つ男」にも登場した「シーパレス」。陸から少し離れているだけなのに、床下が海だと思うと非現実感が煽られる。ぐるり広がっている窓の外に「百万ドル」の夜景が輝いているのもダブル効果だ。

海鮮料理がいいよと勧められ、選んだ料理のひとつが「酔っ払い海老」だった。ほかの料理はぜんぶ忘れてしまったけれど、この味だけが強烈な残像とともに忘れられない。テーブル脇にワゴンが運ばれてくる。厚いガラスの容器のなかに活け海老。飴色の玫瑰露酒《メイクイルーチュウ》をじゃぶじゃぶ注いでふたをすると、ばたばた大暴れ。おとなしくなったところで、上湯（中国のだし）を少しかけて火をつけ、フランベすると虹色の炎がぼっと立つ。銀のサーバーで数尾ずつ皿に取り分け、テーブルへ。殻をむくのももどかしく、芳しい香りをまとう海老にしゃぶりつく。とろとろの海老の身を、このときほど高貴だと思ったことはない。もちろん初めての味覚体験だった。

でも、いまはマボロシ。もしおなじものを食べても、「ジャンボ」の過剰なエネルギーに包まれた味にはもう出会えない。

二〇一九年の反政府抗議運動で観光客が激減、コロナ禍を受けて経営難に陥り、二〇二〇年三月から営業停止。またひとつ、かつての香港が消えた。

# ムツゴロウさんは今も

「本当に今にも『どっきりでしたー!』と起き上がりそうなぐらい安らかな表情です。犬や猫たちが『遊んでよー』と寄り添っております」

　ムツゴロウこと畑正憲さんの逝去にともない、翌日の四月六日、孫娘の風花《ふうか》さんが「ムツゴロウ動物王国のブログ」で綴っている。

　私が北海道中標津《なかしべつ》のムツ牧場を訪ねたのは、昨年五月。白糠町「茶路めん羊牧場」を訪ねたあと、襟裳岬に向かう途中だった。旅の仲間のひとり、風花ちゃん（いつもそう呼んでいる）が実家のムツ牧場に案内してくれ、まず牧場の道産子馬に乗って中標津の森林を散策。そのあと、ムツゴロウ夫妻が住む敷地内のログハウスを訪ねた。

「久しぶりですねえ。お会いするのを楽しみにしていたんですよ」

　矍鑠《かくしゃく》とした口ぶりで歓待してくださり、「週刊文春の連載、いつも読んでますよ」。視線をキラリと光らせて仰るので、どきっとする。九年前、東京・青山で話を伺って以来（対話集『食べる私』文春文庫・収録）、ときおり見せる鋭い眼光が忘れられずにいた。いつも本気勝負のひと、愛と狂気のひと。

　ひっきりなしに煙草をくゆらせながら徒然《つれづれ》に語る麻雀の武勇伝、牧場や馬のこと、書斎での日常……やっぱり煙草は最後の砦《とりで》らしい。九年前も「ぼく、煙草を止めるんだったら人生やめますから」。「ぼくから乗馬を取ったら、人生半分なくなるのと同じ」とも仰っていたので、「いま乗馬は」と訊くと、「乗りたいですけどね、体調を崩してから乗れてないんです」。ものすごくくやしそうだった。

　三年ほど前からＹｏｕＴｕｂｅに公開している「ムツゴロウの６５６」は、「ムツさんの頭のなかの引き出しに眠っているお話を残したい」という思いで娘の明日美さん（風花ちゃんの母）が始めたのだが、これがすばらしい。クジラの口の内部に入った話。ネズミ捕りのコツ。ブラジルでジャガーと対面したときの不思議な体験。勝負のときは寝ない話。そり犬がなぜ人間に協力するのか。少年時代、満洲に暮らした厳しい日々が自身の人格や考え方に与えたもの。生きること、食べることの意味……泉のように湧き出る言葉のリアリティに引き込まれる。

　毎回いずれも必見だけれど、とりわけ第八十七回「保存版！ムツゴロウ流　動物と触れあうときの極意」は圧巻だ。

「動物と近づくときは、左の胸が痛くなるくらい、その子のことを考えなきゃならない」

「声を掛けるときは細い声、できたらしわがれ声」

「手を出すより肩を出す」

あの「よーしよしよし」は、動物におもねったり下手に出る方法ではなく、人間が動物と同類になるための声なのだ。亡くなる十日前にアップされた動画では、女性マッシャー（犬ぞりの操縦者）への惜しみない敬意を語っていた。

「またいらっしゃい」と見送ってくれたムツゴロウさんは現世にはいないが、心血を注いで育て上げたムツ牧場はこれからも健在だ。また道産子馬に乗りに行きたい。

ブログの末尾、風花ちゃんの言葉が胸に沁みる。

「最後に私から一言
『来週帰る予定だったのに勝手なことするなや！ばーかばーか！変態で天才なのにばーかばーか！せいぜい元気だったあの頃みたく麻雀、ゴルフ、乗馬楽しめよ！大好きだぜ！』」

# 下足番の話

生々流転。風前の灯火がゆらゆら揺れている。

下足番もそのひとつである。店の玄関先で、お客が脱いだ靴を預かる係のこと。たいてい年配の男性の役どころで、店名や印入りの半纏《はんてん》を羽織って入り口付近で待機している。旅館や料亭、すき焼き屋、桜鍋屋、どぜう鍋屋など江戸や明治の香りを持つ料理屋にも欠かせない存在で、かつては寄席や劇場も靴を脱いで上がる風習があったから、下足番は大事な仕事だった。

下足番の役目は、ただ靴を預かるだけじゃない。訪れるお客を最初に迎えるから、第一印象を左右する。「お、ここは」と期待させるか、「なんだよ、チッ」となるか、下足番の腕次第。帰りに送り出すとき、ひと言ふた言のやりとりからお客の満足度をはかるのも下足番の重要任務だ。いってみれば、サービス最前線。昔は、食い逃げ防止のセイフティネットの役目も果たしていたらしい。

ビジネス業界では有名なフレーズがある。

「日本一の下足番になってみろ。そうしたら、誰も君を下足番にしておかぬ」

阪急東宝グループの創業者で、辣腕の実業家、政治家としても知られる小林一三の言葉。あらゆる仕事には一流がある、図抜ければかならず誰かが引き上げてくれるというわけだが、もちろん豊臣秀吉を意識した言葉だろう。木下藤吉郎時代、仕えていた織田信長の下足番で、寒い日は草履を懐に入れて温め、求められればすかさず差し出したという、あの逸話。そして、下足番は本当に天下を取った。

でも、きょう日はめったに下足番に出会わない。靴を脱いで座敷に上がる機会はそうそうないし、店側にとっても、人件費の節減は深刻な案件に違いない。このまま下足番文化は消えていってしまうのだろうか。

下足番にまつわる情緒をスケッチした文章があった、と書棚から一冊を取り出した。

『洋食や』(茂出木心護・著　中央公論社・刊)

昭和四十八年刊行。ずいぶん以前、古書店で買い求めた一冊だ。明治四十四年生まれの著者は、日本橋の洋食店「たいめいけん」初代店主。江戸っ子気質で描く八十四編は気っ風がよく、東京の下町の情緒たっぷり。明治期は冷蔵庫がなかったから、店の床下に鶏を飼って「生きたまま貯蔵」していた話。小僧時代の月給は三円、一足しかない足袋を洗って天日（オーブン）の余熱で乾かしたら燃えてしまい、コハゼ四個だけ焼け残った話。在りし日の空気の詰まった一冊なのだが、そのなかに「下足札」と題した一編があり、自身の体験を綴っている。

「下足札は二枚一組で、失くすと困ることを知っていましたから女中さんに、『必ずどこかにあるはずだからのちほど郵送します』といいますと『はい、どうかその札をもってぜひお見えください』。若い女性だとすぐ頭へきてのふくれっ面、こういう上手な返事はなかなか出ないでしょう。ついまたでかけて件の女中さんに祝儀をはずみ、下足札といっしょに足をだしたことでした」

「どうかその札をもってぜひお見えください」。申し訳ない気持ちでいるお客を受け容れ、帰りぎわの好印象と営業促進まですべてを回収したうえで、愛嬌がいい。こういうおおどかなやりとりまで風前の灯火なんだろうか。

# 現代版「二番煎じ」

「酒は外で飲むからうまい」

　これを持論とする知人がいる。

　年季の入った酒飲みの彼は、ごま塩頭を横に振りながら言う。

「家で酒を飲む奴の気が知れない。オレが家で飲むのはお屠蘇だけ」

　理由をいちおう確認してみると、間髪を入れず。

「家で飲んでもうまくないから」

　訊いたほうがバカだった。

　しかも、話が出来過ぎのようでアレですが、このごま塩頭の頑固じいさんは酒屋の主人である。よく言うよなあと内心呆《あき》れたが、話が面倒になりそうなので、へえそうなのと軽く流しておいた。

外だろうが家だろうが、こっそり飲む酒ほどうまいものはないという話。

寒さが募ってくると、毎冬聴きたくなる落語がある。

「二番煎じ」

古典落語の演目のひとつで、冬の定番の噺《はなし》だ。江戸の習俗がふんだんに盛り込まれ、往時にタイムスリップする心地がたまらないのだが、〝寄席で「二番煎じ」を聴いたあとの酒ほどうまいものはない〟なんて声もよく聞く（わたしのまわりで）。

あらすじはざっとこんなふう。

真冬の晩、町内の旦那衆が火の用心のために夜回りをすることになった。寒さに首をすくめながら夜回りをし、番小屋で暖を取る段になって、酒を持ち込んだ者、猪肉と鍋を運んできた者、飲酒御法度の番小屋でがぜん盛り上がる。宴もたけなわ、やれ楽しいな。酒もうまい、鍋もうまい。そのとき戸をトントン叩く音。あわわ、見回りの役人だったから一同おおあわて。土瓶に入れて火に掛けた酒は隠しきれず、煎じ薬ですとごまかすと、「自分も風邪っぴきだ、飲ませろ」と役人。びくびくしながら茶碗を差し出すと、ぐびりと飲み干し、隠したはずの猪鍋まで出させられ、飲むわ食うわ。「もう煎じ薬がありません」と旦那が訴えると、役人「ではもうひと回りしてくるから、そのあいだに二番を煎じておけ」。

寒い夜更けの、狸と狐の化かし合い。噺家によって興趣が違うから何度聴いても愉しい。「火の用心」の声が、旦那ならではの謡になったり都々逸になったり、登場人物の演じ分けも聴きどころだ。そもそも酒をめぐる攻防は、意地汚さも愛嬌のうち。土瓶でカモフラージュしてまで飲みたい旦那の脳天気、後ろめたさにつけ入る役人の小狡《こずる》さ、どっちの気持ちもわかるわかるというわけで、聴くほうも感情移入に忙しく、ぐいぐい惹きこまれる。

いつの時代も、こそこそ飲む酒ほどうまいものはないのである。

私の亡父はほどほどに酒を飲んだが、夕飯のとき、都合グラス三杯の水割りを飲むのが習慣だった。食事が終わりかけの頃、空のグラスを持って席を立つのは自分で三杯目をつくるためで、つねに二杯目より色が濃い。

母がぼそっと（聞こえるように）つぶやいた。

「まだ呑む……」

語尾の「む」にアクセントを置く絶妙の物言い。ところが、ちらりと父の顔を窺《うかが》うと、隠そうとして隠しきれない細い笑いを口の端に浮かべている。横槍を入れられても、酒はうまいものなのか。子ども心に不思議だったけれど、何十年も経って納得したしだい。

いま「あ」と思ったのだけれど、「家で飲んでもうまくない」と主張する酒屋の主人は、外で飲むのを家で咎《とが》められているから、よけい外で飲むのがうれしいんじゃないか。

# かぼちゃの黄色

ずいぶん冷えてきた。

朝から冷たい雨が降りしきり、真冬並みに十三度まで気温が下がった日。仕事の打ち合わせがあったから銀座に出掛けると、地下鉄で前の席に座った女性はマフラーを首に巻いていたし、地上に出たらぶるぶるの寒さで、ああセーターかコートを着てくるべきだったと悟ったが、もう遅い。とるものもとりあえず指定の場所に出向くと、相手の男性がシャツの上にセーターを着ているから、Tシャツに薄いカーディガンの自分にあーあと思う。

おや。目に止まったものがあった。名刺を差し出したひとが着ているセーターに、きっちり折り目がついている。畳んだ跡の四角い折り皺《じわ》。そうか、あまりに寒いから、家を出る直前に急いで冬物のセーターを引っ張り出した——季節が移ろう一瞬が宿る光景に心を動かされた。「セーターの折り目」を季語にしてもらいたいくらいだ。

その翌日、よし今日やろうと思う。数枚溜めてある使い古しのタオルのなかから「足元湧出の湯治場　千原温泉」と書いてある一枚を引き出す。新しい手拭いをおろそうかとも思ったけれど、やっぱり温泉関係の白タオルが気分が出そうだ。裁縫箱も取り出す。針山から長めの針を抜き、白い木綿糸の先をちゅっと舐めてから針穴にあてがうと、一瞬の躓《つまず》きもなくスーッと通り抜けたから、幸先がいい。裁縫が大の苦手なので、針と糸を手にするまでに時間と覚悟が必要なのだ。

タオルを中表にしてふたつに折り、ざくざく縫う。せっかくだから丈夫なほうがいいと思い、最初は返し縫いを始めたのだが、そのうち（ま、いっか）の方向へなだれ、小学生でも出来る並縫いに変更。針を動かしているとそれなりに楽しくなってくるけれど、自分の縫い目からは目を逸らす。

長方形の袋ができた。本来は口のところを細く折って縫い、紐通しをつくる……のだが、そこまでの気力はなく、口はタコ糸でぐるぐる巻きに縛ることに決定。

中身を入れましょう。

タオルの袋に詰めるのは、一週間ほど窓越しに天日干しして溜めておいたみかんの皮である。熊本の友人が送ってくれた段ボール箱一杯の「だるまみかん」は濃厚なうまみで、剝いた皮にも執着が出て捨てられず、そのままザルに広げて干した。タコの足状のみかんの皮は、ゆっくり着実に水分と色を奪われてゆく。二月の昼間の日差しはぽかぽかと暖かく、空気の乾燥が容赦なく色彩を奪う光景は残酷でもあり、できれば正視したくない。ひょろりと曲がって乾いた皮の端は触れるととげとげしく、固焼き煎餅にも似ている。

ザルに干して溜めた都合八個、がちがちの皮を袋に入れ、タコ糸で口を縛った。何年ぶりだろう。

その夜。風呂に湯をため、今朝つくったみかん袋を浮かべた。

今夜はみかん風呂だ。湯舟に浮かんだみかん袋は、うっすら柑橘の香りを放つ風船である。湯に浸したまま両手でゆっくり押すと、じゅじゅぶ……無数の気泡が一面に広がるのも愉しく、みかん風呂の悦楽にひとしきり溺れた。タコ糸をほどくと、棘のように尖って硬かった皮が、しなしなと柔らかく蘇生していた。

気温が下がるにつれ、八百屋で買うものも変わってくる。白菜とか大根とか、きのことかかぼちゃとか、なにか煮たい。豆腐をただ温めるだけでもいい。これが、季節の巡りについて行くということなのだろう。

冬至にはずいぶん早いのに、かぼちゃの黄色がちらちら目に入ってくる。以前はこの時季にかぼちゃを気にしたりしなかったと思いながら、はっとした。ひとり暮らしを続けていた母は、寒い季節はかぼちゃの煮物をつくるために、小分けしたかぼちゃを冷凍庫に入れていた。

「こうしておくと、小鍋に少しだけ煮たいとき便利だから」

じっさい、電話で話しているとき、「今日はかぼちゃの煮物がうまく炊けてよかった。なかなかおいしかった」と報告を聞くことが何度もあった。

小鍋のなかで煮えるひとり分の四角い黄色を鮮烈な色彩として目に浮かべたのは、子どもの頃、母がつくるいつものおかずだったからだ。

醬油と砂糖と煮干しで煮るのが、母のやり方だった。たぶん、まず水に煮干しをそのまま入れて炊き、そのあと醬油と砂糖を加えて煮たのだと思う。ほどよく水分が飛んで、箸を差し入れるとほくっと崩れ、口に入れるとねっとり甘い風味はとても好きだったが、煮干しが添えてある時期があり、あのときは閉口した。甘くてお菓子みたいだからうれしいのに、一転、がしがし嚙みしだく煮干しのほろ苦さは興醒めだった。さっき〝時期〟があったと書いたのは、あるとき煮干しの姿が消えたからだ。成長期の子どもには煮干しのカルシウムが大切だとかなんとか、どこかで耳にして添える気になったのかもしれない。

ひとりで住む母を訪ねると、「かぼちゃを買ってきて、切っておいてくれるかな」と頼まれることがあった。自分では硬くてもう包丁で切れない、小さく切ってもらえると助かると言うので、お安いご用よと応じて小分けに切り、半分は冷凍庫に移したりしていた。それでも、一か月後に訪ねると、冷凍庫には生協に注文した新しいかぼちゃがあった。

最後まで母が自分でこしらえていた煮ものは、白菜でも大根でも厚揚げでもなく、かぼちゃだった。その事実に、母が亡くなって四か月後、こうして寒くなってきてやっと気づいた。

# 夢の終わり

そのニュースが耳に入る二日前だった。

「ヒラマツさん、これ」

Uさんが営む料理店を訪ねると、「来たら渡そうと思ってたの」と言い、大荷物のなかをがさごそ探りながら、あったあった、と取り出した。

彼女の手に握られているのは、赤い袋と白い缶。

赤い袋は「サクマ式ドロップス」。

白い缶は「非常・携帯用　サクマ式ドロップス」。

「ドロップス」の赤い文字が躍る小袋をひさしぶりに見て、健在なんだなとうれしくなった。驚いたのは白いほうで、高さ十センチほどの薄い缶に「保存用」と書いてある。口のところには、見慣れた丸い栓。非常用が発売されていたなんて知らなかった。

でも、どうしてこれを？

「お義母さんが、荷物のなかに入れて送ってくれたの。ほら、以前、本のなかに書いていたでしょう、これのこと。お義母さんも読んで、なつかしくて買ったみたい。『ヒラマツさんにどうぞ』とメモが入ってた」

そう、確かに書いた。

拙著『父のビスコ』に収録した一編「母の金平糖」。冒頭の一行目は「サクマの缶入りドロップスは別格のおやつだった」。丸い穴から何色が出てくるのか、翻弄されていたという記憶。そして、母にまつわる金平糖の記憶について。昭和二十二年、三年間の従軍ののち、フィリピンの戦地から母の父、つまり私にとっての祖父が戻ってきた。ある早朝、布団のなかでうとうとしていたら、がちゃんがちゃん、と金属音が聞こえてきた。隣で寝ていた祖母が布団をはね除け、「ああっお父さんっ」と叫び、裸足で飛び出していった。四人きょうだいみんな後を追うと、兵隊姿の祖父が立っていた。お土産は、帰国船のなかで配られた金平糖。白い金平糖のなかにひと粒だけ混じっていた赤い金平糖を奪い合い、祖母に叱られた、という話だ。

祖父のポケットにしまわれて海を渡った金平糖は、幼い頃の私が缶を振ってコロコロと音を鳴らしたドロップスに繋がっていた。でも、もう何十年も自分でその缶を買ったことはない。

しかも、奇縁に驚かされた。こうしてサクマ式ドロップスの現物を手にした数日後、製造販売する佐久間製菓が来年一月に廃業するという記事が目に入った。赤い袋には「創業明治四十一年」とあり、長い航海を示す帆船のマークがある。また老舗が消えてゆくのかと思うとさみしい気持ちでいっぱいになるけれど、Uさんのお義母さんにもらわなければ、たぶんドロップスと再会できなかった。買いもせず、記憶だけを後生大事にして舌の上で転がしてきたから。

ドロップスというお菓子が行く手を阻んだのかもしれない。糖分、カロリー、健康志向などの言葉が脳裏をよぎる。甘さのカタマリが必ずしも夢を運んでこなくなったところにも、廃業の理由のひとつがあるのだろうか。もし、グミやゼリーバージョンがあったら手を伸ばしたかもしれないとも思う。

小さな缶を振ってみる。

からころ、からころ。

内側から響く硬質の音の向こうから、橙色、緑色、黄色、紫色、白色……いろんな色彩が視界に飛び込んできた。

# ウクライナの手袋

たまに寄る近所の喫茶店に、長いカウンターの端のほう、黄色いカバーの絵本が立てかけられていた。

何の本か、すぐにわかった。

『てぶくろ』（世界傑作絵本シリーズ　絵　エウゲーニー・M・ラチョフ　翻訳　うちだりさこ　福音館書店）

ウクライナの民話で、一九五一年、旧ソビエト連邦で刊行された一冊である。日本で翻訳出版されたのは六五年。私は、子育てをしているときに初めて手に取った。

こんな話だ。雪の降る森のなか、おじいさんが手袋を落とす。みるからに暖かそうな手袋に、最初はネズミ、今度はカエル、ウサギ、キツネ、オオカミ、イノシシ……次々に入り込んでは住みつき、ぎゅうぎゅう。あげく大きなクマまでやってきて、七匹の動物たちで超満員。手袋がふくれ上がっているところへ、持ち主のおじいさんが戻ってきて――。

小さな手袋にこんなに動物が入っちゃう⁉ と想像力をかきたてる民話。外は一面の雪なのにぽかぽか暖かそうで、いっしょに手袋のなかに入ってみたくなる。幼い子でも一度で覚えてしまう話で、「また読んで」「最初からもう一回！」。「また⁉」と呆れながらこっちも飽きない。

この昔ながらの絵本がにわかに注目を浴びているのは、ロシアの軍事侵攻に晒されるウクライナとウクライナの人々に少しでも心を寄せたい真情によるものだ。先に入っている動物たちに「まんいんです」と断られても無理やり押し入るクマの姿が、ロシアに重なるのは仕方がない。

喫茶店のカウンターに立てかけられた黄色い一冊が、ウクライナの国旗に見えた。

小一時間ほどして外に出て、そういえば春キャベツはもう出ているのかと思いながら八百屋に回ると、真っ白なカブが積み上がっている。へえ、旬も過ぎかけているのに珍しいなと首をひねったら、あの一冊が飛来した。

『おおきなかぶ』

こっちはロシア民話で、おなじ福音館書店刊の絵本。文はA・トルストイ、絵・佐藤忠良、訳者は『てぶくろ』と同じ人物。このところ、『てぶくろ』と『おおきなかぶ』

が関心を集めている。

「うんとこしょ、どっこいしょ」

掛け声のリフレインが心を摑み、土から抜けない大きなカブをおじいさん、おばあさん、孫、犬、ネコ、ネズミ……みんなが列に連なって力を合わせ、必死で抜こうとする。これも昔ずいぶん読んだから、私にとっては、八百屋の軒先でカブを見たら条件反射で「うんとこしょ、どっこいしょ」が浮上することになっている。

しかし、いまカブの前に立つと、ほのぼのと「うんとこしょ」とはいかない。一列になってカブ抜きに連なる人間や動物の姿が強制的に同調や労働を強いられる様子に見えてくるのは、絵本という書物の力によるものだろう。日本在住のロシア人たちが、〝ロシア国内では、情報統制によってウクライナ侵攻のありさまが周知されていない〟〝ロシア語で話すのもつらい〟などと口々に訴えて発信する姿に接すると、ロシア国内での現実にも想いを馳せずにはいられなくなる。

その日、冬の名残りのカブに後ろ髪を引かれたが、買わずに帰った。

ＹｏｕＴｕｂｅリストに登録しているチャンネルのひとつに、「ＮＰＯ法人科学映像館」がある。

記録映像や映画を無償公開しているチャンネルで、九百五十六本をアップロード中。

日本の過去の映像が中心なのだが、ワンクリックすればたちまち半世紀前の日本にタイムスリップする。どれもこれも稀少な映像揃いで、何度も繰り返し観たくなる。

初めて観たのは「東京への招待」（英映画社）だった。あるとき突然、オススメ動画みたいにぴょんと画面に現れたので、へえ何だろう、とクリックしてみた。制作は一九六〇年。保険会社に入社して三年目の若い息子が、母親を招いて東京観光したあと、自分の会社を訪問してもらうという筋書き。上京したての着物姿の母親が深々と頭を下げて部長さんに挨拶する場面も時代を語っているのだが、クレジットは「企画　興亜火災海上保険株式会社」。つまり、ドラマ仕立ての保険会社の業務PRというわけで、そうとう凝っている。往時の東京の名所やら会社の仕事風景やら、火災保険のアピールやら、歴史的資料がてんこもりの十一分だ。

たて続けに観たのが「東京」（英映画社　一九六四年）で、これも傑作。東京オリンピックの年、〝躍動する首都〟をモンタージュする二十九分の映像は、画面のすみずみまで時代の生き証人だ。近代的な工場。都電。車の洪水。朝の通勤風景。プロ野球の試合。ボウリング場。コロムビア・トップ・ライトの漫才。団地。夕方の買い物風景……キレのいいカメラワークと編集は、時代の最先端を走ってシブい。ナレーションはNHKアナウンサー・平光淳之助。BGMのフリージャズも新しいなあ、と確認したら、「音楽高橋悠治」。

なつかしさや回顧ではなかった。映像から放出されるエネルギーに、たじたじとなったのである。戦後、日本の復興がどのようになされたか、市井のひとびとが何を着て、どんな表情をしていたのか、リアルに伝わってくるのは記録映像の強度によるものだ。

「窓ひらく　一つの生活改善記録」(東京シネマ　一九五八年)の素朴さには、胸打たれる。舞台は、山梨県南巨摩郡増穂町。農村地帯に暮らす主婦たちが協力し合って「生活改善」に取り組む姿を描く二十一分の記録映画で、みんながひとつの箱に小銭を貯め、一軒ずつ「改善」を実践してゆく。主婦の憧れは、なんといっても〝台所のリフォーム〟。昔ながらの暗くて使いにくい台所が、壁を取り壊して磨りガラスの窓に変えただけで、こんなに明るい！　うれしさに弾むタマヨさんの、赤飯を炊いて近所に配って歩くけなげな姿が映し出される。

ナレーションが続く。

「すべては一歩一歩。すべてはひとつができて、次である」

このような先人の努力の歳月に支えられて、現在の日本人の暮らしはある。再生回数は、すでに百二十万回を超えていた。

このチャンネルで観る映像は、いずれも衝撃的だ。たとえば、「アメリカ占領下の日本　第1巻　大日本帝国解体」。一九四五年八月から、連合国軍が日本各地に残る武器を根こそぎ潰していった様子を、カメラがつぶさに捉える。と同時に、容赦なく映し出される敗戦直後の仙台、東京、神戸、長崎……各地の戦禍のありさまは今さらながらにすさまじく、とことん虚しい。

戦争にたいする感情が、ウクライナへの思いに重なる。

# 対話　戦争から『食』を考える

藤原辰史（京都大学准教授）×平松洋子

## 暴力と支配のにおいを感じ取りたい

**平松**　私たちの生活は、そもそも戦争とダイレクトに繋がっているというのが、私の認識です。私は戦後の生まれですが、ひとそれぞれ、戦争をリアルに感じた経験があるのではないでしょうか。藤原さんは、ご自分の体の中に戦争というものが入ってきたと実感なさったのはいつですか。

**藤原**　小学生の頃、祖父の話からなんです。祖父のお兄さんが南洋の戦いで亡くなり、その結婚相手の予定だった祖母と、祖父は結婚した。祖父も戦争に行って、トラック島などで苦しい思いをした。ただ、ほとんど戦争の話はしたことがなかったんです。今も鮮明に覚えていますけど、お盆に祖父の家でいとこが怪談話をしていたとき、通りかかった祖父が大きな声で「人間より怖いものはおらん」と言ったんです。すごく怖くて、初めて自分の中で戦争に恐怖を感じました。

**平松**　とっさに戦争のことだと思われたんですか？

**藤原**　直感的に分かりました。声の迫力から、戦争のことでしかないだろうと。

**平松**　理屈を超える経験ですね。私は、確か三歳頃だったと思いますが、傷痍《しょうい》軍人の方が路上に座る光景なんです。目が離せなくなり、立ちすくんでしまった。母に咎められ、手をぎゅっと引っ張られた記憶がいまだに忘れられません。のちに傷痍軍人という言葉とその意味を知ったとき、幼い自分が受けた衝撃の背景にようやく気づくわけですが、ものごとは簡単には理解できないという畏れのような感覚が、現在の自分の考え方や物の見方にどこかで結びついている気がします。

次は、小学校一年の給食で飲んだ脱脂粉乳なんです。匂いも味も、なまぬるさも全部がつらかった。給食はコッペパンでしたが、大人になってから、脱脂粉乳とコッペパンの意味を知ってショックを受けるんです、給食の食料がまさか政治の道具だったなんて、と。何も知らずに食べていた、でも、明らかに自分の成長の一部になっていたという理不尽な思い。ものを知らずに食べる無自覚の怖さを、まさに小学校時代の給食が体現していました。

**藤原**　『給食の歴史』という本を書きましたが、ご指摘の通り、アジア・太平洋戦争で日本が負けなければ、コッペパンと脱脂粉乳ではなく、ごはんとみそ汁の給食だったと思うんです。それから、タンパク質がなかったので、戦後はクジラ肉が多かった。給食が戦争なしには語れないのは、その通りだと思いますね。

**平松**　缶詰もそうでしょう？　缶詰は、戦争によって技術が発達しました。

**藤原**　ナポレオン戦争ですね。

**平松**　もし戦争がなければ、缶詰は必要なかったかもしれません。土地のものを食べれば、人は生きていけたわけですから。また、家庭の味のシンボルのように言われている肉じゃがにしても、明治期に海軍で日本型のビーフシチューのような形で生まれた料理です。現在の私たちの食生活、暮らしの中には、じつに多様な姿で戦争の影が溶け込んでいますね。

**藤原**　私がいま、研究しているのもまさに「戦争と食」です。日頃私たちが目にする中で、戦争と関係の深い食べものの一つが、たくあんなんです。たくあんは江戸時代、ぬかを使ってダイコンを漬けたところから始まったと言われている。脚気の予防になるし、ビタミンも取れるし、輸送もしやすいし、ご飯にも合うということで、日清、日露戦争あたりからたくあんの大量生産が始まる。その一環として、東京・練馬がダイコン生産地として形成されていく。日本が中国大陸を侵略していく過程でもたくあんを運んだ。朝鮮半島や台湾でも日本の植民地になって、たくあんを食べるようになった。常に食の変化というものには、暴力の香りがするというか。

**平松**　同感です。そして、支配のにおいがしますよね。

**藤原**　食の歴史の中にもっと暴力と支配のにおいを感じ取りたいと思っています。

**平松**　ベトナムの生春巻きに使うライスペーパー、じつは、あれも戦争の産物なんですよ。

**藤原**　え、それは知らなかった。

**平松**　ベトナムには、侵略や戦争と関わってきた長い歴史があります。ライスペーパーは、水を通せばすぐ軟らかくなるし、火を使う必要もありません。さらに、軽くて持ち運びが簡便だから携帯食として優れています。国の食文化を代表するような食べものが、その背景を掘り下げれば、じつは戦争と密接なつながりを持っている例は、世界中にたくさんあると思います。缶詰もたくあんも日常的な食べものですが、こんなふうに自分の台所のなかに戦争の断片が散らばって存在しており、それらが自分の体を作ってきた……私たちが歴史とダイレクトに連なって生きている証左です。戦争は、いま、ウクライナの話でも未来の話でもなく、現実として日常生活の中に生き続けている。自分と戦争をリアリティをもってつなげて考えることは、とても重要だと思います。

## 『野火』『風の食いもの』『パンと野いちご』

**平松**　きょうは大事な本を三冊持ってきました。大岡昇平『野火』（新潮文庫など）、自身の従軍体験を綴った池部良『風の食いもの』（文春文庫）、戦火のセルビアでの食物の記憶を綴った山崎佳代子『パンと野いちご』（勁草書房）です。『野火』は、主人公が戦地で肺病を病み、六本の芋を持たされて軍を追い出される。冒頭、わずか六本の芋と命が等価にされ、極限状態にあって人間の行動原理が食にあることがえぐり出されていく。倫理的な問題にも対峙する、人間の尊厳に迫った圧倒的な文学作品です。

**藤原**　体の中に戦争が入ってきたのはいつかと聞かれましたが、本でいえば自分にとっては『野火』が大きい。「『野火』という原点」というエッセイを書いたぐらいなんです。高校生までは本を読むのが嫌いで、読書感想文を書くために書店の文庫の棚から、薄いものを選んだのが『野火』でした。これは後知恵ですけど、日本の陸軍は死因の半分が餓死だった。生き残った人も、そうした戦友の死を引きずりながら、日本の戦後は始まっているんですよね。

**平松**　主人公が、自分の血を吸った蛭《ひる》をもぎ取って食べる場面がありますよね。読みながら、自分はどうするか、と考える。その後、主人公は「猿の肉」を口にし、打ち捨てられた同胞の骨が積み上がる光景を目撃します。同胞の骨が意味するものは何なのか。生死の境目に立たされたとき、蛭と猿の肉はほとんど同じ意味になるだろうと考えたとき、現在の自分の足元がぐらぐらになります。

**藤原** どこかで飢えてる人がいるのを問題にしなければならないというより、私たちの地盤そのものが、そういう経験の上にしか立っていないということですよね。ナチズムを研究していると、もう飢えだらけなんです。ナチスは、わざと食料を行き渡らせないようにして飢えで殺したりした。同じ時代、スターリンのソ連も四百万人から八百万人の餓死者が出て、そのときは人肉の市場ができた。これは遠い過去の誰かの出来事ではなく、自分だったらどうするかを考えます。先ほどの蛭の話と同じです。

**平松** 『風の食いもの』は、俳優として活躍中の池部良が陸軍に召集され、フィリピンの小島などで過ごした五年間の従軍生活を綴ったエッセイです。あけすけに恨み辛みを書いているのに笑いがあり、人間のおかしみに通じています。おからに酢の味を付けたにぎりずしが登場しますが、そうした知恵や工夫を発動したのも戦中戦後です。また、日本には、戦後の小麦粉の委託加工をきっかけとして、全国各地にパン屋さんが根付いた側面があります。つくづく、食べものって、しぶといなと思います。形を変えながら生き残る。

**藤原** ドイツの代表的なB級グルメに「カリーブルスト」があります。ソーセージをたっぷりの油で揚げるように炒め、トマトソースやカレー粉で味付けしたもの。これは第二次世界大戦後にアメリカの支援で提供されたものを使った、という説が有力です。

**平松**　山崎佳代子『パンと野いちご』は、戦争は女たちや家族に何をもたらすのか、山崎さんの方法論で突き詰めた歴史の証言集です。難民として逃れてきた女性に、料理とは何かと問う場面があります。すると、食べものとは思い出のこと、料理とは「甦り」であるという言葉が返ってくる。彼女は、食べることで、かつて共有したものをふたたび甦らせる、そして自分自身も甦る、と語るのです。記憶の範疇《はんちゅう》にとどまらず、自分も甦る。食べものが心身の再生を司る、と。

**藤原**　大事なキーワードですね。甦ることとは、エネルギーチャージとは違う。『パンと野いちご』は大好きで、山崎さんとお話ししたことがあるし、議論もしました。この本で描かれているのは、国際社会に注目されなかった悲劇。セルビアは一九九〇年代当時は西欧の敵で、徹底的に空爆された。空爆という圧倒的暴力の中で庶民がどう食いつないでいたか、という話です。記憶に残ったのは、当時、経済制裁で電気が切られるシーンがありましたよね。

**平松**　肉でしょ？

**藤原**　そう！　あのシーンが好き。

**平松**　私も大好きなんです。もうじき停電になるぞ、さあ大変だ、冷凍庫の中にしまってある肉を無駄にできないよ、と。

**藤原**　みんなで焼き肉パーティーをするんですね。

**平松**　表現の仕方がなかなか難しいですけど、このシーンから私が受け取ったのは祝祭感なんです。

**藤原**　おっしゃる通り。戦争は武器によるものだけでなく、電気が切られるという戦争、インフラが壊されるという戦争がある。その中で、これは山崎さんが聞き取った内容だし、山崎さん自身もその中を生き抜いたわけですけど、焼き肉を食べたら、次は何を食べていいかわからないぐらい追い込まれている、場合によっては死に向かうかもしれない最後のパーティーとして、セルビア人らしいブラックユーモアを含みながら焼き肉パーティーをやるというシーン。すごい迫力なんですよね。

さらに大事だと思うのは、九〇年代のセルビアの空襲の話に、ナチスの記憶が出てくるんですよ。当時の五十年前、ナチスがセルビアを空爆して占領したときも、人々が同じような飢餓を体験している。記憶とは「層」だと思うんです。積み重なった地層がはがれると、食べもののツルをたどってニョキニョキと、五十年前の記憶が出てくる。『パンと野いちご』の面白いところは、まさにその甦り。急に五十年前や二十年前が降ってきたり、いまを思ったり、いろんな記憶の層や傷痕がすぐ近くに見えてくるところだと思います。

## コロナ禍前に四千ぐらいだった子ども食堂は、いま九千に

**平松**　以前、北朝鮮に家族が住む方から聞いた話が忘れられません。大阪出身だからお好み焼きが好物だけれど、使える電気の量が限られている。たまにホットプレートを使うとき「さあ、今夜は張り込んで電気食うぞ」と言った、というのです。「電気を食う」という実感を抱くほどの困難な生活を思うと、言葉がありませんでした。

**藤原**　食べものというと出来合いのものをイメージしますが、食材、水、燃料があってこそ作れる。戦争はそういう当たり前のことを私たちに見せてくれる。「電気食う」という感覚は、私たちが普段気づいていないだけだと思います。

**平松**　だから余計に、昨今の電気料金の高騰が気にかかります。どう生きていくかというより、私たちの生活は、どう生き抜くかというフェーズに入っている。しばしば戦争の中で語られていた「生き抜く」という言葉が、あらたな意味と実体をともなって語られ始めていると思います。コロナ禍やウクライナ戦争がもたらした燃料不足が、「電気食うぞ」という言葉の持つ切実さや恐怖と直結している時代。当然ながら、「グルメ」という言葉が人口に膾炙した時代とは、すでに大きく乖離しています。歴史の渦中に個人個人が立っているわけで、だからこそ、食べることから何かを探り出してつかみたい

し、読みたい、考えたい、語りたい。

**藤原**　その通りです。対談する機会のあったブレイディみかこさんが言っていましたが、イギリスで起きているのは「ヒート・オア・イート」、熱（光熱費）か食か、どっちに金をかけるかの選択だと。日本の子どもたちも生き延びるのに必死です。七人に一人が貧困、という数字からは何も見えませんが、実態は学校にお弁当を持って行けず、水を飲んで図書館や体育館で昼食時間を耐えている、と。そういう状況は戦前、戦後、高度経済成長を経たいまもなくならず、むしろ深刻化している。生き延びることと食べることが密接不可分なフェーズになったいま、私たちが何を語るかが問われています。

**平松**　はい。日々を生きる力をどう養うか。自分の中にあるエネルギーを発動し、知恵と工夫を凝らしながら生活技術を磨く必要が、男女を問わず、切実な課題として迫っています。

**藤原**　コロナ禍前に四千ぐらいだった子ども食堂は、いま九千ぐらいまで増えている。仙台のフードバンクを取材したら、今年から畑を借りて自分たちで野菜を作るというんです。一人一人の工夫だけでなく、共同での工夫が日本社会で見られるのが、食の現在なのかなと見ています。

**平松**　そもそも食べものは、商品でも情報でもない。だから、どこかで消費のサイクルに風穴を開けたいと思うんです。つねに買う側、消費する側に居続けていると、気づかないうちに何かに絡め取られてしまう。そこから一歩抜け出すための近道のひとつは、手持ちの生活技術を増やすこと。この五月、青梅を買って梅干し、梅酢、梅ジャム、梅味噌などいろいろ作ったのですが、錬金術みたいでとても楽しいし、食生活や健康を生み出す気分にもなりました。自分の手で作る行為は、消費者で居続けないための方法、あるいは抵抗の手段でもある。そう考えれば、自分で作る意味は、大きく変わってくるのではないかと思います。

**藤原**　男とか女とか関係なく、料理をする、台所に立つという技術はもっと重視されなきゃいけない。徳島県の神山町で、高専の食事は地元食材で作る、そうして農家を育てるという取り組みがある。料理を中心に社会を組み立て直す実験なんですよ。いまの危機は、料理をすることを中心に社会を作り直すチャンスでもあると思います。

**平松**　その一方、「家庭料理はしんどい」「料理が苦しい」という声があるのも事実です。「料理」という言葉を、「生きる力を養う」「生き抜くための技術を身につける」といったん変換し、社会のなかで共有していく必要があると思うんです。

**藤原**　料理の素晴らしさ、楽しさを説くと、そんな時間はないと言う人が多いのはよく分かります。いまの時代、どうしようもなく企業に時間を奪われてますから。一方で、私たちは何のために働いているのか。食べるために働いている。料理をして食べることに喜びを感じられないのなら、目的が果たされていない。そういう矛盾がある。

忙しさを乗り越えるためには、社会を根本から変えるか、忙しくて料理に向かえない人たちが時間を共有できるようにすればいい。子ども食堂とか大人食堂とか、いったん家族の枠組みを超えて人とつながり、ご飯を食べている場所が結構あるんですね。私はそれを「縁食《えんしょく》」と呼んでいます。決して家庭料理の味をないがしろにする意味ではなく、そういう場所なら料理の楽しさや時間のなさが両立し得るんじゃないか、と。

**平松**　日本語には食にまつわる言葉がたくさんあって、「心配り」「思いやり」「ひと手間」といった繊細な表現も特徴的です。でも、状況によっては圧に変わったり、追い込んだり、諸刃の剣にもなる。すでに精いっぱいで疲れているのに、「思いやり」「ひと手間」が脳裏をよぎってしまうと、家庭の場面では、よけいにつらい。栄養にしても、二日単位くらいで考えればずいぶん気が楽になるし、〝献立〟〝〇汁〇菜〟みたいな四角い言葉にも囚われず、もっと自由になりたい。こうして考えると、知らず知らず縛られてきたものがたくさんありますね。

**藤原**　あまりにも追い込まれるような言葉を作りすぎてきたのかもしれませんね。そう考えると、いま、食べることが抜き差しならない状況なのはつらいことだけれども、他方で「食」を見直すチャンスでもあり、これまで重しになってきた言葉はすごく無駄なように思えてきますね。

ふじはら・たつし　一九七六年北海道生まれ、島根県育ち。専門は農業史、食の思想史。二〇一三年『ナチスのキッチン』で河合隼雄学芸賞、一九年『給食の歴史』で辻静雄食文化賞、『分解の哲学』でサントリー学芸賞を受賞。他の著書に『縁食論』（ミシマ社）など。

二〇二三年八月　北海道新聞、東京新聞、中日新聞、西日本新聞　掲載

初　出　「週刊文春」二〇二一年九月十六日号
〜二〇二三年五月四・十一日号
本書は文庫オリジナルです。
DTP制作　エヴリ・シンク

本書の無断複写は著作権法上での例外を除き禁じられています。
また、私的使用以外のいかなる電子的複製行為も一切認められておりません。

文春文庫

酔《よ》いどれ卵《たまご》とワイン

定価はカバーに表示してあります

2024年3月10日　第1刷

著　者　平《ひら》松《まつ》洋《よう》子《こ》
発行者　大沼貴之
発行所　株式会社 文藝春秋

東京都千代田区紀尾井町 3-23　〒102-8008
TEL　03・3265・1211㈹
文藝春秋ホームページ　http://www.bunshun.co.jp

落丁、乱丁本は、お手数ですが小社製作部宛お送り下さい。送料小社負担でお取替致します。

印刷製本・TOPPAN

Printed in Japan
ISBN978-4-16-792192-7

## 文春文庫　最新刊

**罪の年輪** ラストライン6　堂場瞬一
自首はしたが動機を語らぬ高齢容疑者に岩倉刑事が挑む

**いわいごと**　畠中恵
麻之助のもとに三つも縁談が舞い込み…急展開の第8弾

**白光**　朝井まかて
日本初のイコン画家・山下りん。その情熱と波瀾の生涯

**生きとし生けるもの**　北川悦吏子
ドラマ化！余命僅かな作家と医師は人生最後の旅に出る

**碁盤斬り** 柳田格之進異聞　加藤正人
誇りをかけて闘う父、信じる娘。草彅剛主演映画の小説

**京都・春日小路家の光る君**　天花寺さやか
初恋の人には四人の許嫁候補がいた。豪華絢爛ファンタジー

**女と男、そして殺し屋**　石持浅海
殺し屋は、実行前に推理する…殺し屋シリーズ第3弾！

**戴天**　千葉ともこ
唐・玄宗皇帝の時代、天に臆せず胸を張り生きる者たち

**カムカムマリコ**　林真理子
五輪、皇室、総選挙…全部楽しみ尽くすのがマリコの流儀

**あなたがひとりで生きていく時に知っておいてほしいこと** ひとり暮らしの智恵と技術　辰巳渚
自立する我が子にむけて綴った「ひとり暮らし」の決定版

**急がば転ぶ日々**　土屋賢二
いまだかつてない長寿社会にてツチヤ師の金言が光る！

**コモンの再生**　内田樹
知の巨人が縦横無尽に語り尽くす、日本への刺激的処方箋

**酔いどれ卵とワイン**　平松洋子
夜中の台所でひとり、手を動かす…大人気美味エッセイ

**茶の湯の冒険**「日日是好日」から広がるしあわせ　森下典子
樹木希林ら映画製作のプロ集団に飛び込んだ怒濤の日々

**精選女性随筆集 倉橋由美子**　小池真理子選
美しくも冷徹で毒々しい文体で綴る唯一無二のエッセイ